Du bon usage des psychotropes

Dr Alain Gérard

Du bon usage des psychotropes

Le médecin, le patient et les médicaments

Albin Michel

Ouvrage publié sous la direction
de Mathilde-Mahaut Nobécourt

Introduction

> « Autrefois, j'étais indécis, aujourd'hui, je n'en suis pas si sûr. »
>
> Umberto Eco

« Je n'imagine pas qu'on puisse donner des médicaments de ce genre à quelqu'un d'aussi jeune. C'est la faire entrer dans un cycle infernal, c'est lui couper les ailes. Elle ferait mieux d'aller parler. » L'ami qui m'interpelle ainsi me parle de sa cousine qui, après six semaines de clinique, sort avec un traitement associant trois médicaments psychotropes. Le traitement prescrit est perçu pour ses inconvénients, ses risques, avant d'être accepté pour ses effets bénéfiques. Spontanément l'idée s'impose que le travail de parole devrait suffire.

« Je suis humiliée de devoir prendre des médicaments. J'exècre l'idée que ma pensée, mes émotions, ce que j'ai de plus intime soit sous le contrôle de substances qui me sont à ce point étrangères. » C'est avec ces mots qu'une amie dermatologue, récemment guérie d'une sévère dépression, commentait l'ordonnance que je venais de lui renouveler.

Notre société félicite les « bons malades », ceux qui, des années durant, utilisent régulièrement des traitements médicamenteux destinés à soigner l'hypertension, l'hypercholestérolémie, le diabète, les troubles digestifs... La même société considère avec suspicion, et culpabilise même parfois, ceux de mes patients qui, pour soulager leur souffrance psychique ou soigner leurs troubles mentaux, utilisent brièvement ou au long cours anxiolytiques, antidépresseurs, thymorégulateurs, antipsychotiques.

Les psychotropes, en agissant à différents niveaux du système nerveux central, ont pour objectif de réduire les dysfonctionnements biologiques observés ou supposés dans les divers troubles mentaux. Ils ont pour mission de réharmoniser les fonctions du cerveau lorsque les possibilités de traitement par les mots et par la relation sont dépassées. Je ne les prescris qu'après avoir évalué une situation clinique, apprécié la gravité d'un trouble, ses retentissements sur la vie du sujet, les risques potentiels, les avantages attendus de la prescription et les inconvénients prévisibles. Prescrire un médicament agissant sur le cerveau est toujours pour moi une prise de responsabilité importante, a fortiori s'il s'agit d'un enfant, d'un adolescent ou d'un adulte jeune. Encore plus particulièrement si le traitement doit être maintenu pendant plusieurs années. Devoir prendre chaque jour un médicament

« pour la tête » constitue pour la plupart des patients une astreinte désagréable.

Une radicale évolution transforme aujourd'hui la pratique médicale. Parce que les patients sont de mieux en mieux informés, cultivés, concernés, ils sont de plus en plus impliqués et cela modifie la nature de la relation. Informer ne veut pas dire former. De plus en plus le patient est notre égal, il n'est pas juste (sauf s'il a perdu la raison) de le protéger avec excès. Mais le passage du paternalisme chaleureux ou condescendant à l'autonomisation absolue de décision est un leurre.

Au printemps 2004, l'occasion me fut donnée de recevoir pour quelques jours l'un des plus éminents psychiatres américains des trente dernières années, le professeur Baron Shopsin. Un thème professionnel l'habitait littéralement et, des heures durant, il ne cessa alternativement de nous questionner sur l'évolution des soins en France, en Europe, de nous exposer également avec angoisse, presque effroi, la récente dégradation des pratiques dans le traitement psychiatrique aux États-Unis. Ses propos, d'une rare véhémence, concernaient essentiellement la maltraitance médicamenteuse des enfants et des adolescents : absence de rigueur diagnostique (dans le pays qui avait inventé le DSM, *Diagnostic and Statistical Mental Disorders* !), absence d'analyses psychologiques des situations, absence de simple bon sens, surprescriptions massives de psychostimulants, d'antidépresseurs...

La critique, il faut le souligner, n'émanait pas d'un *shrink* déjanté, d'un pur psychanalyste, d'un ennemi irréductible des neurosciences. Le professeur Shopsin ne pouvait être accusé d'anti-américanisme (il est très new-yorkais, très américain et très fier de l'être), il n'était pas un adversaire des traitements psychotropes (il a été pendant plus de vingt ans un expert reconnu en ce domaine). Il n'était pas davantage un ennemi de l'industrie pharmaceutique (il a été consultant des plus grands laboratoires pour le développement d'anxiolytiques, d'antidépresseurs, d'antipsychotiques, etc.). Il voyait à cette crise bien des raisons, et en tout premier lieu l'insuffisance de formation de nombreux médecins à la clinique fine et précise des troubles psychiques. Mais il mentionnait également l'information trop superficielle des patients, les biais d'une information directe, leur demande de « réponses simples, rapides, voire immédiates » à des problématiques complexes. Un rapport au temps transformé. La difficulté pour nombre d'entre eux d'accéder aux approches psychothérapiques pour des raisons économiques ou culturelles.

Et en France, comment faites-vous ? me demandait Baron. Ses interrogations entrèrent immédiatement en résonance avec celles qui depuis quelques années traversent ma pratique de psychiatre.

Accusé de droguer plus que de soigner

Au premier rang des débats récents, la querelle qui oppose violemment d'un côté, les adeptes de la psychopharmacologie s'appuyant sur les neurosciences, de l'autre, les psychologues, cliniciens, psychanalystes et psychothérapeutes, voués à l'écoute humanisante de la souffrance psychique. Une querelle des Anciens et des Modernes revisitée par les « psys ». Certains confrères pensent que la médecine et plus encore la psychiatrie à visage humain sont en train de disparaître, écrasées par l'inhumanité des méthodes de recherche, des statistiques et de l'économie. Je ne le crois pas. Je pense que la connaissance de ces travaux est indispensable. Si le patient en sait de plus en plus au sujet de sa pathologie, il est indispensable que le médecin prenne connaissance des études thérapeutiques, soit capable d'en faire une lecture critique. Plus le médecin sera expert dans l'analyse de ces données collectives, mieux il sera capable de personnaliser au cas par cas les stratégies de prise en charge et de traitement médicamenteux. Je crois qu'opposer la psychiatrie par les preuves – à savoir celle qui se fonde sur l'« utilisation consciente, consciencieuse, explicite et judicieuse des meilleures preuves scientifiques actuelles dans la prise en charge personnalisée des patients » – et la psychiatrie humaniste est un exercice indécent, nuisible, onéreux et immoral.

Il existe, nous le savons tous, un mésusage des psychotropes. Il existe chaque fois qu'un traitement est prescrit ou renouvelé à un patient sans que le rapport bénéfice-risque de cette décision n'ait été analysé pour ce patient précis à un moment donné de son histoire. Chaque fois qu'en face d'un trouble douloureux, sévère, invalidant, le spécialiste d'une approche, qu'elle soit chimiothérapique, psychothérapique ou psychanalytique, ne recherche pas, au-delà de sa propre culture, un projet adapté, réaliste, possible de prise en charge.

Le recours aux psychotropes, lorsqu'il est scientifiquement évalué, n'empêche en aucun cas les diverses psychothérapies ou la psychanalyse de jouer leur rôle, parfois central ; souvent même il le rend possible. Vouloir penser qu'il le remplace est un biais idéologique, une perversion de la pensée. Chacun sait que les scientifiques n'ont pas le monopole de la connaissance et que les psychanalystes n'ont pas celui de la pensée. Une double arrogance aura coûté bien des années d'errance et de souffrance à des patients mal soignés au nom d'idéologies partisanes.

Au temps de mes études initiales, la thérapeutique des troubles psychiatriques reposait sur les premiers neuroleptiques (Largactil, Haldol, Nozinan), les premiers antidépresseurs (Tofranil, Anafranil, Marsilid), les premiers anxiolytiques (Valium, Librium). Ces médicaments puissants étaient mal tolérés et la plupart des patients souhaitaient au plus vite les abandonner. Aujourd'hui les molécules modernes, extrêmement bien tolérées, agissent autrement et sont souvent exigées par certains patients. Pour le prescripteur, de nouvelles questions sont posées. Des données scientifiques sont censées l'éclairer. Le professeur Changeux, en ouvrant au Collège de France un colloque intitulé « La vérité dans les sciences », affirmait, et nul ne le contredira, que « seule la recherche fait accéder à certaines formes de vérité. Il existe une valeur objective des sciences, et leur extraordinaire montée en puissance semble déborder les capacités à décider ensuite ». Il est impératif d'admettre que le processus de preuves pour une population ignore l'individu. Des résultats portant sur mille, cinq mille, dix mille malades ne sont pas prédictifs à coup sûr pour un nouveau venu. La condition n'est donc pas suffisante. Mais elle est absolument nécessaire et aucun médecin, dès qu'il s'arroge le droit de prescrire ou d'interrompre les traitements psychotropes agissant sur le cerveau, n'a le droit d'ignorer les données scientifiques actuelles concernant et le médicament et la pathologie qu'il traite.

Tout se passe comme si, dans l'exercice actuel de la médecine, la somme des progrès de la connaissance élevait de fait le niveau d'incertitude. En tant que psychiatre, et comme tout citoyen du XXIe siècle, je suis prié de gagner du temps, de diagnostiquer vite et de guérir précocement des maladies dont je ne connais plus vraiment les limites. Mission m'est donnée de prévoir l'imprévisible. En vingt ans, la complexité de mon exercice s'est considérablement accrue. Le secret professionnel absolu qui a longtemps prévalu est remplacé par un secret relatif comparant les intérêts protégés. En cas de conflits d'intérêts, ce n'est plus le médecin mais le juge qui statue sur le bien-fondé et la légitimité des décisions. Les patients risquent dans les années à venir d'être de mieux en mieux protégés juridiquement, mais rien ne prouve qu'ils soient mieux soignés, car le risque zéro n'existe pas.

Le psychiatre, le patient et les médicaments : une relation strictement singulière

Cet essai est une tentative pour rendre compte de manière personnelle de la complexité actuelle d'un métier et d'une pratique, de la difficulté d'établir une relation thérapeutique.

Après une longue formation psychanalytique, quelques années de travail dans la recherche clinique et dix ans de responsabilité en psychiatrie publique, j'ai choisi de devenir psychiatre libéral à Paris.

Je reçois donc depuis plus de vingt ans, chaque jour, une douzaine de patients. À certains je prescris des médicaments, à d'autres je conseille d'interrompre des traitements qui ne les aident pas. Chaque jour, je m'étonne de l'ignorance ou de la désinvolture qui conduit certains collègues à prescrire en dépit du bon sens. Je vois des malades graves ou chroniques qui auraient dû être traités par des médicaments depuis des années et qui ont perdu leur temps dans des entretiens inutiles et improductifs. Je reçois des patients consommant au long cours des médicaments qui ne les guérissent pas parce que leurs troubles ne relèvent pas de désordres biologiques. Expert à l'Agence française de sécurité sanitaire des produits de santé, je constate le soin apporté par les autorités de santé à définir les bonnes indications des médicaments psychotropes commercialisés en France. Je découvre combien des années plus tard les chiffres de prescription témoignent de dérives quant au projet initial de traitement.

L'idée m'est donc venue de raconter des histoires qui sont autant de cas d'école significatifs, représentatifs de la pratique de la psychiatrie, telle que je la vis au jour le jour. Trois fils conducteurs peuvent servir de grille de lecture.

Le premier concerne la notion de bénéfice-risque strictement individuel qui doit présider à toute prescription de médicaments, en particulier psychotropes. Des essais cliniques imparfaits, mais sérieux, définissent avec précision chez quel type de patient, pour quelle sorte de pathologie précise, un médicament est à la fois actif et relativement sûr. L'action positive d'une molécule est peu discutable dans ce cadre. La molécule n'est pas une drogue, c'est un médicament. Si le médicament est ensuite prescrit à d'autres patients ne correspondant que peu ou très peu ou plus du tout à la définition du trouble, la question à se poser ne concerne pas la valeur du médicament en tant que tel. Si procès il y a, ce n'est pas celui d'une molécule, c'est celui d'une pratique.

Le second fil concerne le processus de décision lorsque le diagnostic est incertain. Des études cliniques, que tous les médecins devraient connaître, la recherche fournissent des résultats partiels sur des catégories précises mais limitées de pathologies. En pratique, dans la « vraie vie », les médecins doivent soigner ou au moins soulager des hommes ou des femmes ne correspondant évidemment pas strictement aux situations prototypiques de la recherche. La réflexion, la formation à la résolution de tels problèmes sont inexistantes. Praticiens et patients en souffrent. La critique est aisée mais l'art est difficile, il ne s'agit ni de surveiller pour punir ni de dénoncer sans proposer de remèdes. Un travail de réflexion permet de réduire les risques d'erreurs, à condition de prendre du temps, à condition d'être informé, à condition d'échanger avec l'interlocuteur les arguments permettant de construire la décision. S'il n'existe plus de monopole de l'information en faveur des médecins, il n'existe plus davantage de monopole de la décision. C'est entre le médecin et le malade, « dans l'échange », avec un temps suffisant, au milieu des incertitudes, qu'un projet personnalité se dessine.

Enfin, le troisième fil conducteur est formé par les questions éthiques, au centre de l'exercice médical. Pour les résoudre, des prérequis normatifs sont nécessaires (connaissance de la loi, des règlements, du code de déontologie, et également des diverses théorisations), mais les difficultés essentielles portent en réalité sur des situations toujours singulières, toujours atypiques. La trajectoire de la décision résulte de l'éthique du médecin mais tout autant de l'éthique prévisible du patient. Une décision singulière ne peut être prise sans qu'elle corresponde à un jugement normé. L'éthique de la transgression concerne le couple soignant-soigné, mais cette dimension du singulier doit se construire dans le respect général de la loi.

Un jour, une patiente m'a dit : « J'aime vos interrogations, vos questions sur les mots, votre part de non-savoir. » Comment mieux définir une relation thérapeutique ?

1

« Docteur, j'aimerais vous poser quelques questions »

Le malade a le droit de savoir qui est son médecin

« On est dans un monde sans synthèse. »

Robert Musil

La scène se déroule à l'hôpital Sainte-Anne de Paris.

Bien que l'essentiel de mon activité clinique s'exerce en libéral, j'ai plaisir à retrouver l'ambiance tout autre de l'hôpital, les infirmières et secrétaires de l'accueil, quelques amis, un lieu particulier chargé d'histoire et de souvenirs.

Sur mon carnet de rendez-vous, ce jour-là, en premier sur la liste, le nom d'une nouvelle patiente. Je vais la chercher dans la grande salle d'attente et la prie d'entrer dans le bureau n° 5, celui que l'on m'a attribué aujourd'hui. Je ne viens ici qu'une fois par semaine et, comme la plupart des consultants, je suis amené à changer d'espace en fonction des disponibilités du jour. Mme L. s'assied, garde son imperméable sur ses genoux et, alors que je l'accueille en lui demandant qui l'adresse à moi et ce qui la conduit à venir, elle dit d'une voix tranquille, douce et ferme :

– Puis-je vous poser quelques questions avant de vous parler de moi ?

– Bien sûr, je vous en prie.

– Vous êtes médecin, vous êtes psychiatre ?

– Oui.

– Quel type de formation avez-vous ?

– J'ai une trajectoire professionnelle un peu bizarre, car j'ai passé une partie de mon temps à la recherche clinique. Je travaillais sur de nouvelles molécules agissant sur le système nerveux central. J'ai passé une autre partie de mon temps dans les hôpitaux. Et puis un jour, j'ai décidé de m'installer en ville pour faire de la psychiatrie générale en exercice libéral. Depuis, je m'occupe de mes patients et d'un peu de formation, car je me suis toujours intéressé à la pédagogie.

– Pourquoi, si ce n'est pas indiscret, avez-vous quitté votre hôpital ?

– Oh ! c'est tout simple : j'avais passé une suite de concours, j'avais été nommé psychiatre des hôpitaux, je dirigeais un service de quatre-vingts personnes en banlieue parisienne et je passais les trois quarts de mon temps à faire de l'administration, cela ne m'amusait pas. De plus, un ami qui venait lui-même de s'installer, le docteur Henry Cuche, me proposait de le rejoindre. J'ai bien réfléchi, car je quittais un poste envié, sûr. Mais j'ai pris le risque et je ne regrette vraiment pas.

Répondant à cette dernière question assez personnelle, je me demandais où cet interrogatoire inversé allait nous conduire. J'avais l'impression de m'être inutilement exposé.

En entendant la quatrième question : « À quel type de thérapie êtes-vous formé ? », l'idée me vint que j'étais en train de recevoir une jeune journaliste préparant un article sur les psys, ou sur les consultations des hôpitaux, la qualité de l'accueil, etc. Je lui fis part en souriant de l'idée qui venait de me traverser.

– Non, répondit-elle, très sérieuse et soudain plus tendue. Je vous pose ces questions parce que vous êtes le troisième psychiatre que je vais voir, je n'ai pas du tout accroché avec les deux premiers. Je veux éviter une nouvelle déception. Je n'ai pas envie de raconter à nouveau ma petite histoire pour rien.

– Ça arrive, vous savez, de ne pas accrocher. Il faut que le courant passe.

– Mais cela n'avait rien à voir avec des questions de personne. L'homme et la femme qui m'ont reçue étaient tous deux très chaleureux, sympathiques. C'est leur manière de prendre le problème qui ne me convenait pas. Le premier m'a posé énormément de questions, toutes très précises, et ensuite a voulu me prescrire d'emblée un traitement. La seconde a été moins directe, mais elle m'a orientée immédiatement vers un programme de thérapie hebdomadaire en groupe. Je n'ai pas envie d'aller parler dans un groupe.

Je comprends, en écoutant cette jeune femme, à quel point les questions qu'elle pose s'attachent moins à moi qu'à mon type de pratique. Elle s'intéresse à mes compétences, à ce que je peux lui apporter, à la manière dont elle va être entendue. Elle se fiche un peu des titres, même si cela la rassure.

Comment l'écoutez-vous ?

Comment écouter ? Voici la première question que tout psychiatre en formation devrait se poser.

Chez les psychanalystes, l'écoute est parfaitement théorisée : une attention dite « flottante », une « neutralité bienveillante » caractérisent la technique. L'écoute des psychiatres est différente. Il convient de laisser s'exprimer librement l'interlocuteur, de le situer, d'entrer en relation avec lui tout en le laissant spontanément parler de son histoire et de ses maux. Mais il faut simultanément poser des questions, obtenir des informations sur ce qu'il n'aborde pas directement.

En médecine, l'étudiant apprend la technique de l'interrogatoire : enquête systématique sur les antécédents médicaux, les opérations subies, les maladies traversées. En psychiatrie, la recherche est plus subtile car la rencontre ne peut se réussir humainement à travers la passation d'un questionnaire systématisé. Le talent consiste à en apprendre le plus possible sans jamais paraître directif et sans être intrusif. Cela demande de la patience, une certaine méthode, de l'expérience et du temps.

La psychiatrie à l'ancienne avait le temps pour elle. Lorsque je partageais mes activités entre hôpital psychiatrique et recherche, j'avais le sentiment de vivre dissocié. Le matin, à l'hôpital psychiatrique, je devenais campagnard, je vivais au rythme des saisons. Certains malades habitaient là depuis des dizaines d'années. Lorsqu'un nouveau patient entrait, c'était pour des semaines ou des mois. La seule urgence était celle de l'agitation ou de la violence. Pour le reste, nous avions le temps d'observer, de discuter et, parfois, il faut en convenir, de ne rien faire...

L'après-midi, avec mes activités de recherche, c'était un autre monde, un autre siècle. La concurrence entre les équipes, l'attente excitée de résultats d'études, les décisions à prendre : poursuivre ou arrêter des programmes de recherche ambitieux et internationaux. Gagner du temps, penser vite, savoir décider sans se tromper.

Le temps où l'on allait « aux fous » est révolu

Nous oublions un peu vite le passé récent et d'où viennent les psychiatres.

Ce que l'on nomme folie a toujours existé, mais c'est seulement au XIXe siècle que les troubles mentaux acquièrent le statut de maladie. Longtemps les murs de l'asile, du lieu où je reçois cette patiente, n'ont fait que contenir, enfermer les possédés dans des conditions telles que l'asile, loin de les soigner, aggravait leur état. Les aliénistes sont devenus des psychiatres. Inlassablement, en observant des patients, en classant les symptômes, leur recherche a tenté d'établir des différences entre diverses maladies mentales. Des thérapeutiques, dont certaines font aujourd'hui sourire ou pleurer, ont été expérimentées, avec plus ou moins de succès – elles constituaient en tout cas une démarche volontariste de progrès.

En 1952, l'introduction des neuroleptiques par Laborit, la découverte de leur intérêt en psychiatrie, ici même à Sainte-Anne, par Jean Delay et Pierre Deniker bouleversent la vie asilaire, transforment la vie des malades.

Depuis, la psychiatrie n'a cessé de se transformer et, dans certains services, de se surspécialiser. Il existe aujourd'hui des consultations réservées aux patients atteints de troubles bipolaires de l'humeur (troubles maniacodépressifs), de troubles anxieux, de troubles des conduites alimentaires, de troubles du sommeil. Il existe des consultations spécialisées pour patients atteints de schizophrénie.

Cette forme de surspécialisation conduit parfois à l'utilisation trop rapide, en tout cas trop précoce, de grilles hypersélectives d'écoute. Le patient ne comprend pas toujours pourquoi celui qui le reçoit est aussi direct, aussi orienté dans ses questions. Il vit l'interrogatoire comme intrusif, menaçant, trop précis. Lui-même, souvent, ne sait pas vraiment ce qui l'amène. Certaines équipes, très impliquées dans la recherche, privilégient à l'excès les formes de traitement auxquelles elles consacrent leurs travaux. Les propositions thérapeutiques sont plus liées à leur courant de pensée qu'aux attentes ou aux besoins réels du patient.

L'imbroglio psychiatrique

Il faut comprendre que deux théories de la connaissance se partagent aujourd'hui la psychiatrie. D'un côté, ceux qui s'intéressent à l'individu singulier, au psychisme du sujet souffrant : les partisans de psychothérapies fondées sur l'écoute et la parole. De l'autre, les tenants d'une approche scientifique se référant aux dernières données des neurosciences et de la « médecine par les preuves ». En d'autres termes, un discours de la science répond à un discours du sujet. Tout se passe comme s'il était réaliste de dissocier vie des neurones et vie psychique, alors que la pensée, à l'évidence, est indissociable du support biologique qui la sous-tend.

À cela s'ajoute qu'au sein même de l'immense domaine des approches dites psychothérapiques, des différences fondamentales séparent les techniques. Le simple rapport au temps dissocie, en apparence du moins, des techniques à efficacité rapide et des approches au plus long cours. Ainsi, la pensée psychanalytique ouvre, questionne, approfondit, prend son temps. Des techniques plus cognitives ou spécifiquement comportementales apportent des aides plus directes, peut-être plus superficielles ou éphémères. Une psychologie collective, enfin, se développe à partir de la psychopathologie de la vie quotidienne, les guides pour s'aider soi-même se multiplient. On comprend que les patients aient du mal à s'y retrouver !

Une exploitation absurde de l'opposition entre ces deux approches conduit à un raccourci délétère : « Si c'est chimique, à quoi bon parler. » Le débat nous semble sans objet car, dans la pratique, les deux approches s'entremêlent sans cesse. C'est d'ailleurs ce qui fait le prix et l'intérêt de ce métier. La singularité de chaque cas oblige tout psychiatre qui se respecte à envisager tout le champ des possibles en matière de soins : pourquoi se priver de prescrire, dans un premier temps, un médicament qui apaise un patient même si l'on sait que l'on va l'engager ensuite dans une psychothérapie au long cours ? Cela peut et doit être possible, à condition de le faire en mesurant, au cas par cas, les risques et les bénéfices encourus. Toute autre approche relève de l'idéologie ou de comportements sectaires. Qui plus est, ce type d'attitude comporte de réels dangers pour le malade.

Il y a des psychiatres baroudeurs du neurone, des explorateurs chimiques, il existe des adeptes de la psychanalyse à sec, pure et dure, des gourous aux éthiques incertaines, aux formations approximatives. Le patient qui rencontre un psychiatre a le droit de savoir à qui il s'adresse. Celui qui rencontre un psychothérapeute ou un psychanalyste aussi. Les psychanalystes n'aiment pas qu'un patient, lors des premiers entretiens, les interroge sur leur formation, l'école d'analyse à laquelle ils appartiennent. La position du psychanalyste est celle d'un supposé savoir qui n'a pas, au début de l'analyse, à se justifier sur sa compétence. Cela fait partie du jeu ou du risque. Le patient, s'il le souhaite, doit obtenir des renseignements ailleurs. Les psychothérapeutes sont plus souples et acceptent d'indiquer les courants auxquels ils se réfèrent, les appuis théoriques sur lesquels ils fondent leur pratique (inspiration psychanalytique, cognitive, systémique, corporelle, rêve éveillé, relaxation, etc.).

En ce qui concerne les psychiatres prescripteurs chimiothérapeutes, il n'est pas d'usage de les questionner sur l'origine de leur savoir. Le titre de docteur en médecine, à plus forte raison celui de psychiatre, constituent un permis de prescrire inaliénable et non réévalué (rappelons que la France demeure l'un des rares pays modernes où la formation médicale continue des médecins est obligatoire dans les textes, mais, à l'heure où j'écris ces lignes, n'est pas encore généralisée).

Les termes de l'échange

L'entretien avec ma jeune patiente s'est poursuivi. De question en réponse, je voyais peu à peu se dessiner la nature de sa demande. Des événements récents lui faisaient prendre conscience qu'elle n'allait pas bien depuis longtemps. Elle était tentée, sans bien savoir ce que cela recouvrait, par une psychothérapie. Une psychothérapie plutôt psychanalytique. Elle voulait bien parler, se livrer, commenter ses rêves, mais voulait qu'on lui parle, qu'on lui réponde, qu'on l'aide. Elle tenait à la réciprocité de l'échange. Il était clair que ce travail ne pouvait se faire en milieu hospitalier.

La conversation se poursuivit et, puisqu'elle était là, j'en profitai, à partir de ma propre expérience de la psychanalyse, pour l'aider à clarifier sa demande et lui expliquer certains des aspects de la technique psychanalytique. Un analyste ne peut pas trop se mettre en avant, ni aider trop directement par des conseils. Il doit rester silencieux au début du traitement afin d'apprendre à entendre, petit à petit, ce qui fonctionne dans l'inconscient du patient qu'il reçoit. J'expliquai aussi qu'il était possible d'aller rencontrer un psychanalyste pour parler, sans que pour autant le travail conduise directement à la situation de psychanalyse, allongé sur le divan, plusieurs fois par semaine.

Mes deux collègues, en entrant directement dans les

consultations, par leur propre système d'exploration, n'avaient pas permis à la jeune femme d'exprimer sa demande. Je m'étais livré sans trop de retenue à l'exercice qu'elle initiait. Elle venait de Lille, je ne l'ai plus revue. Je n'ai plus eu de ses nouvelles. Peut-être à mon tour suis-je passé à côté de ce qu'elle voulait dire ?

Elle a contribué, très directement, à ma décision d'écrire ce texte.

2

Nativité

Entre deux risques, il faut choisir le moindre

> « Une chose n'est pas juste parce qu'elle est loi, mais elle doit être loi parce qu'elle est juste. »
>
> Montesquieu

Blandine a quarante ans, une personnalité fragile, une histoire personnelle compliquée. Une trajectoire plutôt malheureuse, émaillée d'événements de vie douloureux, d'hospitalisations, de ruptures sentimentales. Il y a sept ans, je lui ai expliqué que cette cascade de petits et de grands drames me semblait liée à l'évolution ancienne d'un trouble que des psychiatres appellent trouble bipolaire de l'humeur (le trouble maniacodépressif d'autrefois). Ce trouble, comme cela reste trop souvent la règle, n'avait pas été identifié. Sa vie en avait été gravement abîmée. Je lui avais expliqué qu'un traitement préventif par lithium était nécessaire, indispensable.

Je l'avais prévenue que ce traitement contre-indiquait en principe toute grossesse et qu'elle devait donc utiliser une méthode contraceptive. Je l'avais informée des effets secondaires possibles de cette molécule. Elle avait accepté que ses reins, sa thyroïde puissent être modifiés par le traitement, elle ne supportait pas que son poids change. Le lithium fait souvent prendre deux ou trois kilos, parfois il en fait prendre huit ou dix, et il faut alors savoir y renoncer chez une femme jeune.

Blandine tenait à sa silhouette. Pourtant, malgré le risque, elle s'était rendue à mes arguments et avait accepté ma proposition de traitement. Le cours de sa vie en avait été transformé. Depuis cinq ans, plus aucune phase d'excitation (au cours desquelles, par le passé, elle avait commis de lourdes bêtises qui, ensuite, n'avaient pas été sans conséquences sur ses couples successifs). En cinq ans, seulement deux phases dépressives d'intensité modérée, sans réelle gravité, sans commune mesure en tout cas avec les épisodes qui, un jour, l'avaient conduite à commettre une tentative de suicide.

Aujourd'hui, Blandine est amoureuse. Pas de façon soudaine, incontrôlable, transitoire, comme autrefois. Elle aime, depuis trois ans, un homme, un ami d'enfance récemment retrouvé et avec qui, après mûre réflexion, elle a décidé d'avoir un enfant : « Je viens d'avoir quarante ans, nous nous aimons, c'est maintenant ou jamais. Je suis venue vous demander comment arrêter le lithium. »

Souvent, les patients dont l'humeur est cyclique éprouvent des coups de cœur violents, des passions amoureuses qui enflamment leur vie le temps d'une saison et disparaissent l'hiver venu. Cette fois, pour Blandine, je comprends qu'il s'agit vraiment d'autre chose.

« Docteur, je suis enceinte, dois-je arrêter le lithium ? »

L'usage de la plupart des psychotropes est contre-indiqué au cours de la grossesse. Beaucoup d'autres médicaments le sont, et lorsqu'une femme découvre sa grossesse, elle doit penser à vérifier que ceux qu'elle utilise de façon régulière ou irrégulière sont compatibles avec son état. Au cours des premiers mois de la gestation, les risques de malformations du fœtus sont maximum, très précisément entre le treizième et le cinquante-sixième jour de la vie embryonnaire. Les médicaments absorbés par la mère parviennent à l'embryon à travers le placenta. Pourquoi le treizième jour seulement ? Parce que, tant que l'implantation n'est pas terminée, douze jours après la conception, très peu d'échanges se font entre l'embryon et la mère. Les conséquences sont donc quasi nulles. Après le treizième jour, l'organisation – ou, plus exactement, l'organogenèse – commence. Les organes se mettent en place et les risques de malformations sont réels. Ces derniers dépendent de la sensibilité génétique particulière aux médicaments absorbés, de leurs posologies et de la durée pendant laquelle ils ont été utilisés.

Plus tard, au début du troisième mois, la période fœtale succède à la vie embryonnaire, les risques de malformations dans la forme des organes se réduisent, mais il persiste des risques de malformations plus discrètes venant s'inscrire sur des organes correctement mis en place. Il peut se faire, par exemple, que le système nerveux central soit correctement développé mais qu'un retard psychomoteur survienne ultérieurement.

Au cours de la naissance, alors que le métabolisme du nouveau-né s'autonomise par rapport à celui de la mère, d'autres problèmes surgissent et il existe une liste exhaustive de médicaments à éviter en fin de grossesse. Les médecins connaissent les médicaments qui sont à risque en début et en fin de grossesse.

Lorsqu'on développe des médicaments, des précautions importantes sont prises. Des études sur l'apparition et le développement de malformations (tératogenèse) chez au moins deux espèces animales conduisent aujourd'hui à arrêter le développement de la molécule. Pour certaines classes de médicaments autres que les psychotropes, la décision pourrait être différente.

Des raisons éthiques évidentes interdisent toute étude systématique chez les femmes enceintes. C'est le recueil, au niveau mondial, de tous les cas de malformations observées chez des bébés, alors que leur mère avait utilisé par « erreur », par « imprudence relative » ou par « absolue nécessité » un psychotrope, qui permet d'établir des bases de données grâce auxquelles on évalue la fréquence, la nature, la gravité, l'évolution à terme des malformations observées et décrites.

Au cours de ces études, le médicament n'est pas le seul facteur de risque en cause, on en analyse, bien entendu, d'autres au cours de la grossesse.

L'évaluation des risques pour l'enfant... et la mère

Au moment de sa mise sous lithium, Blandine avait été informée des risques tératogènes. Elle venait donc logiquement m'informer d'un arrêt qu'elle savait nécessaire. Nous avions anticipé le problème, un laps de temps était nécessaire entre arrêt du lithium et grossesse. La situation était simple. Simple en théorie.

Au cours de mes études, on ne parlait pas encore de médecine par les preuves. Nous recevions un enseignement de bon sens fondé sur des valeurs peu discutables et pas toujours identifiables. En obstétrique, une idéologie traditionnelle et conservatrice régnait. Les valeurs dites morales prenaient le pas sur les données scientifiques.

Je me rappelais parfaitement – je les revoyais même – ces parties de cours où les risques tératogènes du lithium étaient à la fois chiffrés (25 % de malformations à l'époque) et illustrés d'images. Je me souvenais moins de tableaux mentionnant le nombre de mères décédées par suicide à l'arrêt du lithium, encore moins d'illustrations de leur défenestration ou de leur coma. Je ne me souvenais pas davantage d'études évaluant les conséquences de dépressions maternelles sévères sur le développement psychologique et comportemental de très jeunes enfants, sur leur accès au langage. Aucune trace ne persistait en ma mémoire, tout simplement parce que ce type de risque était peu pris en compte ; n'étant pas considéré comme une donnée prioritaire, il n'était pas évalué.

Le choix entre deux risques, c'est en effet de cela qu'il s'agit. L'arrêt du lithium induit un risque de décompensation psychiatrique chez une mère vulnérable aux fluctuations de l'humeur. Il existe chez la femme plusieurs formes de troubles de l'humeur liés à la grossesse ou à ses suites. Des dépressions peuvent survenir au cours de la grossesse (à son début ou dans le dernier mois) ou juste après la naissance, c'est le fameux blues du post-partum, en principe sans gravité. Mais il existe également un risque de dépression sévère du post-partum, et même de psychose du post-partum. Les admissions en milieu psychiatrique sont significativement augmentées au cours des six mois qui suivent l'accouchement.

Si les dépressions survenant après la naissance se soignent bien, les psychoses puerpérales qui concernent une à deux naissances sur mille sont beaucoup plus préoccupantes. Aux symptômes dépressifs classiques s'associent des éléments de confusion, des hallucinations, une réelle désorganisation de la pensée. Les risques de suicide de la mère ou d'infanticide sont réels. Or ces psychoses transitoires surviennent volontiers chez les patientes atteintes de trouble bipolaire. Il est donc impératif de protéger les mères à risque de ce type de décompensation.

Mais le maintien du lithium induit un risque de malformation chez l'embryon...

Que peut faire le médecin ?

Le médecin peut prendre une position de principe indiscutable, péremptoire dans l'un ou l'autre sens : « Il n'est pas question que je prenne le risque de... » Ces positions tranchées sont respectables, mais elles sont davantage fondées sur des principes que sur des arguments scientifiques.

Blandine avait pris rendez-vous, elle ne s'était pas contentée d'un simple appel téléphonique pour m'informer. Une interrogation pointait sous son « Je suis venue vous demander comment arrêter ». Dans certains cas, il faut faire simple. J'ai avoué à Blandine mon hésitation : un bénéfice-risque difficile à définir, nécessitant en tout cas une actualisation urgente de mes connaissances, peut-être des siennes et de celles du futur père.

Comment, dans une situation aussi complexe, poser le problème de manière satisfaisante, humainement ? La médecine ne doit plus s'exercer à partir d'idées reçues ou d'opinions. La décision s'appuie sur des données imparfaites, incomplètes, évolutives, mais toujours supérieures aux simples croyances. Devant un choix aussi grave, une irréductible solidarité doit se construire entre médecins et parents. Médecins au pluriel : gynécologue, généraliste, psychiatre ; parents au pluriel, évidemment. Choisir, pour décider, les données rationnelles disponibles et actuelles me semble infiniment plus justifié que toute démarche a priori. Il existe une extrême viscosité des idées reçues, même en milieu médical. La matière première de la recherche est la vie, mais il est difficile de se priver d'informations issues de millions de naissances et consignées dans des registres.

Les registres ont évolué dans le temps. Les méthodes de recueil des données varient, les résultats également. Les pourcentages ne font pas la décision, ils aident à la prendre. Un argument fort : on serait passé de 20 % de malformations à 4 %, ce qui est un progrès considérable. Ces chiffres sont-ils fiables ? Oui, si l'on se réfère aux documents sources, aux travaux princeps et non pas à l'article de l'homme qui a vu l'homme qui a vu passer l'article. Oui, si l'on est aidé dans l'interprétation des différences observées entre les sources d'information. Je décidai donc de vérifier mes informations.

Il existe, à l'hôpital Saint-Antoine de Paris, un remarquable centre destiné au corps médical, le Centre de renseignements sur les agents tératogènes. Toute patiente peut conseiller à son médecin de prendre contact avec ce service. Je connaissais de réputation le docteur Éléphant, qui anime cette équipe. Je pris la décision de lui téléphoner. Avec gentillesse, patience et précision, elle m'informa des données récentes de l'épidémiologie internationale et me confirma la tendance de réduction du risque tératogène enregistrée au cours des dernières années.

Les premiers registres internationaux venaient des États-Unis, du Canada et de Scandinavie, trois pays où le lithium, à la suite des travaux de Tchou, fut assez rapidement utilisé. Le risque avait été largement surévalué. En 1975, une grande revue scientifique internationale, le *New England Journal of Medicine*, publia des résultats préliminaires obtenus par des équipes assez restreintes. Il existait un biais : les bébés normaux nés sous lithium n'étaient pas déclarés. Dans les années suivantes, les obstétriciens reprirent d'anciennes données, proposèrent des analyses rétrospectives. Une surnotification des malformations continuait de générer un biais croissant. Et un chiffre de 20 à 25 % de malformations sous lithium continuait d'être avancé.

Devant de tels chiffres, les femmes préfèrent prendre le risque pour elles-mêmes : pour devenir mères, elles arrêtent le lithium. Les suicides étaient nombreux mais leur fréquence insuffisamment évaluée. Par peur, certaines femmes atteintes de troubles bipolaires renonçaient à toute idée de grossesse.

Aujourd'hui, le suivi moderne, prospectif, fournit des chiffres de 4 à 6 % de malformations cardiaques, communication interauriculaire ou communication interventriculaire (contre 1,5 ‰ dans la population générale) chez l'enfant. Le risque est de 1 à 2 % de maladie d'Epstein (contre 0,05 ‰ dans la population générale) : cette maladie associe des malformations importantes de la partie droite du cœur, ventricule droit atrophié, oreillette droite dilatée, valve mitrale décentrée. Le pronostic après la naissance est très sombre.

J'avais à connaître ces données. Je devais ensuite, avec tact, les communiquer aux futurs parents. C'est une obligation légale. Depuis peu, on demande même au médecin de prouver qu'il a informé des risques « par écrit ». Ces évolutions juridiques s'inscrivent dans la nouvelle pédagogie du risque. Un sociologue allemand, Ulrich Beck, fait remarquer que « le paradoxe des sociétés modernes est qu'elles jouissent d'un degré de sécurité inégalé dans l'histoire mais qu'elles se perçoivent de plus en plus comme des sociétés à risque ». Cette nouvelle gestion conduit à une formalisation accrue. Pourquoi pas, si l'esprit dans lequel se fait la démarche est au service du patient et non pas seulement à celui du médecin, pour lui assurer une sécurité juridique de principe ?

Le docteur Éléphant m'avait en tout cas donné les explications dont j'avais besoin, puis m'avait adressé les principaux articles de synthèse. Son aide aurait pu se réduire à un avis d'expert, méthodologiquement correct, mais désincarné. Ce fut loin d'être le cas. Elle prit la peine de me dire que des confrères s'étaient spécialisés dans la surveillance des grossesses sous lithium et que certains échographistes et cardiopédiatres étaient devenus experts dans la surveillance de ces grossesses et dans le diagnostic des éventuelles malformations. Bien entendu, pour collaborer avec ces quelques équipes réparties en France, il fallait que les gynécologues soient d'accord.

Une responsabilité partagée

Si, entre deux risques, il faut choisir le moindre, ce n'est plus au seul médecin de hiérarchiser ces risques et de prendre la décision. J'ai revu Blandine sept fois en six mois. Je me suis mis en relation avec sa gynécologue et avec son compagnon, que j'ai reçu. Nous avons évoqué toutes les possibilités, même les plus noires. Car, peu à peu, la direction prise était celle d'une grossesse sous lithium, malgré les risques. Le risque majeur était de voir apparaître, lors des examens réguliers de surveillance, une malformation qui nous aurait contraints d'interrompre très tardivement la grossesse. Le risque pour Blandine d'une décompensation psychologique liée à un avortement tardif était difficilement évaluable.

La décision de maintenir le lithium était discutable. Le lithium est exceptionnellement maintenu dans deux cas : lorsque le diagnostic de grossesse survient trop tardivement ; ou lorsqu'il s'agit d'une forme très grave de maladie maniacodépressive. Pour Blandine, ce n'était pas absolument le cas. Nous allions donc ensemble transgresser les règles d'usage et prendre un risque approximativement calculé.

Le professeur Bernard Hoerni, ancien président du Conseil de l'ordre des médecins, écrivait : « Il serait désolant que, trop sensibles à l'air du temps, les médecins cherchent à se mettre à l'abri de la justice, alors qu'il nous revient d'abord de faire de la bonne médecine. Les patients, à juste titre, demandent de plus en plus souvent, en cas de malheur, des explications. Il paraît plus juste de les donner avant. »

Pendant la grossesse de Blandine, nous avons réduit les doses de lithium, nous les avons réparties en quatre prises journalières, nous avons surveillé les taux sanguins. Des échographies répétées ont surveillé la croissance du fœtus. Blandine a accouché, au terme d'une grossesse normale, d'une jolie petite fille. Tout est bien qui finit bien.

Si le sort en avait décidé autrement, s'il avait fallu, au cinquième mois, devant le constat d'une malformation, décider d'un avortement thérapeutique, nous aurions tous été infiniment tristes. Mais Blandine aurait eu le sentiment d'avoir été entendue, consultée, d'avoir été actrice de sa propre histoire.

La condition humaine ne s'enseigne pas, elle se découvre, elle s'invente tous les jours. Ensemble, heureusement, nous avions désobéi à ce qui reste la règle.

3

« Notre fils est toxicomane »

Chacun doit choisir en connaissance de cause

> « Il ne faut pas longtemps pour que nos idées et nos convictions prennent la couleur de nos intérêts. »
>
> La Rochefoucauld

Chacun de nous est concerné par les toxicomanies, au titre de citoyen, de parent, de conjoint, d'ami. Les médecins en général, les psychiatres plus spécifiquement, sont supposés mieux connaître les risques liés aux diverses substances licites et illicites. Le débat autour des drogues est vieux comme le monde, Dionysos ne nous contredira pas. Des considérations médicales permettent d'approcher ces questions. Les données scientifiques existent mais peuvent être incertaines et sont souvent dictées par des considérations morales, idéologiques, culturelles, sociales et politiques.

Une consultation particulière va m'obliger à réviser mon point de vue sur le sujet et à donner un avis précis à propos d'un cas singulier. Et, dans ce domaine, le risque est toujours singulier.

Un discours ambiant assez répressif en France

Luc est venu me voir à la demande de ses parents, parce qu'« il se drogue ». Luc, seize ans et demi, passe le bac de français dans trois mois. Il a deux sœurs aînées, un père contrôleur de gestion, une mère secrétaire qui a cessé de travailler pour s'occuper de l'éducation des enfants. Passionné d'astronomie, c'est un élève moyen d'un bon lycée parisien, qui, pour l'instant, n'a aucune idée des études supérieures qu'il va devoir engager dans un an.

Son père n'a pas voulu lui dire qui les avait informés. « Luc, ta mère et moi avons à te parler. Nous savons que tu te drogues. Depuis une semaine, ta mère ne dort plus. Nous attendons tes explications. » Ces mots prononcés froidement dans le salon familial l'ont rempli d'une sorte d'effroi. Il a avoué immédiatement, balbutié quelques mots, tenté de minimiser en disant qu'il n'était pas un drogué, que tout le monde le faisait, que lui le faisait rarement et que fumer un pétard n'avait jamais tué personne. Des arguments imparables lui avaient été renvoyés, sans nuance, dont celui, absolu, du jugement récent de l'Académie de médecine quant aux dangers du cannabis.

Le principe d'une consultation auprès d'un psychiatre a été retenu. Les parents ont demandé à leur pédiatre une adresse. L'adolescent est là, devant moi, sympathique, légèrement gêné mais pas trop, assez clair dans son récit, sans faux-fuyant, simplement impuissant à résoudre ce qu'il considère comme un malentendu.

Son père lui avait remis une sorte de dossier de presse, des articles découpés dans *Le Figaro* et dans *Le Monde* analysant les positions récentes de « spécialistes ». Le nouveau directeur de la Mission interministérielle de lutte contre la drogue et la toxicomanie, Didier Jayle, se déclarait « farouchement opposé à la dépénalisation du cannabis » et proposait des amendes forfaitaires pour les utilisateurs : « La moitié des lycéens ne connaissent pas la loi et restent persuadés que l'usage du cannabis est autorisé. Or les textes doivent être appliqués. » Didier Jayle se disait opposé aux peines de prison et souhaitait, en conclusion de l'interview, ne pas faire, pour le prochain plan quinquennal, de distinction entre drogues licites (alcool, tabac, psychotropes) et drogues illicites. Le jeune homme, qui avait lu attentivement les articles, avait noté, non sans malice, dans l'un des deux articles, qu'à la faveur d'une coquille typographique les deux termes de la proposition étaient tous deux devenus licites. Il n'avait pas jugé utile de le faire remarquer à ses géniteurs.

L'office parlementaire d'« évaluation des choix scientifiques et technologiques », composé de dix-huit députés et de dix-huit sénateurs, avait également pris position et le professeur Christian Cabal communiquait largement sur les méfaits de l'« ivresse cannabique » et de la « psychose cannabique » (*Le Quotidien du médecin*, 9 mai 2003). L'Académie nationale de médecine allait plus loin en affirmant que la consommation de cannabis induisait une dépendance physique et constituait un sas d'entrée vers l'héroïne. « Le discours sur le cannabis ne reflète pas la situation clinique, la présentation faite par certains médias repose sur une profonde méconnaissance des données scientifiques. » « Il est possible d'affirmer que des consommations supérieures à trois joints par jour dès le début de l'adolescence nuisent gravement à la santé mentale. » « Le cannabis consommé jeune entraîne un effet d'indifférence, facteur de désinsertion sociale et d'échec scolaire. » « Pouvons-nous, au nom de la récréation de l'adulte inséré socialement, fumant un joint dans la semaine, oublier les dégâts générés par ce produit sur la jeunesse ? » (*Le Monde*, dimanche 24-lundi 25 février 2002).

Les parents avaient surligné en jaune fluo les éléments évidemment essentiels du dossier.

Et ailleurs, qu'en est-il ?

La consultation, je le savais, allait se faire avec en toile de fond la situation européenne, où les lois, qui ne distinguent pas toujours l'usage, l'abus et la dépendance, sont par ailleurs très variables.

Chacun a entendu parler du modèle hollandais. Si sa réputation de laxisme n'est plus à faire, la tendance s'inverse et une récente loi facilite les fermetures de *coffee shops* lorsqu'ils troublent l'ordre public dans les quartiers sensibles des grandes villes. En Belgique, il est permis de consommer « raisonnablement » et même de cultiver soi-même, toujours pour un usage personnel, du cannabis.

Ces différences sont essentielles car s'il n'est pas anodin de consommer des substances psychotropes, il ne l'est pas davantage d'inscrire des adolescents dans l'illégalité et l'univers de la punition juridique.

Un piège serait, pour les médecins, de se déterminer à partir de critères idéologiques, politiques, ou en fonction de leurs expériences passées : « En 68, on fumait nous aussi, le pouvoir des fleurs ne nous a pas détruits. Laissons les jeunes être jeunes, nous n'en sommes pas morts. » Ce type de discours, même s'il est authentique, est peut-être acceptable dans un dîner en ville, mais parfaitement inadéquat dans le cadre d'une consultation.

Portrait d'un fumeur de cannabis

Les facteurs qui vont déterminer une entrée dans la toxicomanie sont multiples, intriqués et l'analyse d'un risque individuel est donc infiniment complexe. C'est cette complexité que je devais aborder avec Luc. Ne pas éviter les questions générales et de société qui intéressent tout citoyen et futur électeur, mais faire aussi des zooms sur son histoire, ses maux, sa situation actuelle.

On évite souvent, lors d'un premier entretien, de se focaliser trop vite sur le symptôme qui fâche. Il était difficile, compte tenu des motifs annoncés de cette consultation, de ne pas aborder directement la question d'une éventuelle addiction. Mais si un patient, à plus forte raison un adolescent, ne comprend pas la logique d'un entretien, s'il n'est pas sûr que les questions posées, parfois très précises, sont destinées à lui venir en aide et non à le « coincer », l'exercice rate son objectif. À tort ou à raison, je considérais que ce jeune homme n'avait pas de demande personnelle pour notre rencontre. Qu'il n'était pas légitime d'attendre de lui, d'emblée, une parole libre et spontanée.

Je pris les devants et lui expliquai la grille de lecture que nous allions ensemble utiliser, l'analyse multicritère que nous allions conduire. Je lui proposai le principe de deux ou trois rendez-vous car il était impossible en une seule consultation de faire le tour de la question.

Schématiquement, quatre pôles devaient être explorés : la nature de la consommation, l'existence ou non de facteur de vulnérabilité à la toxicomanie, la présence ou non de facteurs dits de risque (individuels, familiaux, environnementaux), et ce qui, dans la dynamique familiale, avait provoqué une réaction dramatisante et une psychiatrisation immédiate. Des réponses à ces quatre questions allait dépendre la marche à suivre.

Une fréquence de consommation est dite exceptionnelle si elle est inférieure à dix fois dans l'année, régulière si elle est supérieure à dix fois dans l'année, elle est dite intensive si elle est supérieure à vingt fois par mois. Un usage simple n'est en principe pas pathologique. L'abus est lié à une consommation excessive qui très vite, en effet, retentit sur la vie psychique. La famille, les professeurs, l'entourage professionnel s'aperçoivent d'un changement. Des critères simples reconnus internationalement définissent l'abus. Une consommation aiguë et/ou régulière présente pour tous les toxiques des risques différents. En aigu, les troubles du comportement dus au cannabis associent, selon les sujets, ivresse, anxiété, agressivité, parfois délire. Les mécanismes de l'ivresse cannabique sont à peu près connus. La consommation régulière expose aux altérations de la mémoire, de l'attention, de la concentration et provoque surtout un syndrome dit amotivationnel (perte d'intérêt à la vie).

La situation de Luc semblait différente. Il fumait le cannabis de façon festive. Le joint lui procurait, lors de sa sortie hebdomadaire, une sensation agréable d'insouciance, de gaîté. Il appréciait mieux la musique, dansait plus facilement, mais gardait le contrôle de lui-même malgré l'euphorie.

Luc faisait la différence avec le comportement de l'un de ses cousins qui, comme lui, ne fumait que rarement mais allait plus loin, associant le cannabis à l'alcool jusqu'à obtenir un état de « défonce ». Déjà le risque aigu n'était plus le même. Le fait que ce cousin, à qui les parents prêtaient une voiture, roulait la nuit en mêlant ivresse cannabique et ivresse alcoolique décuplait le risque. Il est important de savoir que, depuis le 3 février 2003, une loi rend obligatoire, en cas d'homicide involontaire et d'accident corporel laissant soupçonner un usage de stupéfiants, un dépistage des produits. Ce prélèvement est aléatoire lors d'un accident matériel ou de toute autre circonstance. Le responsable est passible de deux ans de prison et de 4 500 euros d'amende (décret du 31 mai paru au *JO* du 1er avril 2003).

Luc fumait donc un joint par semaine, de l'herbe dont il ignorait la vraie provenance, herbe marocaine a priori : un produit relativement peu dosé en principe. Ce constat le classait dans le groupe des consommateurs réguliers, mais pas celui des consommateurs intensifs. Il s'agissait pour l'instant d'un usage simple et non pathologique.

Évaluer les facteurs de risque individuel de toxicomanie

Quels facteurs étaient susceptibles de transformer cet usage simple, non pathologique, en addiction ? Je considérais qu'il était de mon devoir de l'informer, de le conseiller de la façon la plus neutre possible, mais aussi d'évaluer, avec lui, les risques qu'il encourait. Je devais l'aider à juger, au-delà des on-dit et des opinions toutes faites, en connaissance de cause, de son état.

Le principe de précaution recouvre une double démarche : une démarche collective qui consiste à protéger les populations exposées, une démarche individuelle visant à protéger un sujet. Luc, qui est parfaitement scolarisé et bien entouré, peut-être trop, par sa famille, ne court pas les mêmes risques que des adolescents mal dans leur peau et mal insérés familialement, professionnellement ou socialement. La précaution est un outil intellectuel destiné à dépasser la peur, mais d'énormes disparités existent quant aux capacités d'information, de compréhension et d'appréciation critique des éléments réels qui constituent le risque. Devant la consommation de drogues, tous les hommes ne sont pas égaux.

Individuellement, tout d'abord, nous ne sommes pas égaux devant le risque d'addiction. Même si, chez l'homme, aucune étude ne permet, à ce jour, d'identifier des facteurs génétiques ou neurobiologiques indiscutables, certaines données convergentes soulignent le rôle central des systèmes dopaminergiques. La dopamine est un neurotransmetteur, un des messagers chimiques du cerveau, qui interagit, entre autres, avec les neurones cannabinoïdes et opioïdes. La distribution dans le cerveau des récepteurs du cannabis recouvre en grande partie celle des récepteurs dopaminergiques. La libération de la dopamine est activée par de nombreuses drogues. Mais le processus d'interaction n'est pas encore précisément maîtrisé aujourd'hui par les scientifiques. On sait cependant que tous les êtres n'ont pas la même sensibilité à telle ou telle action sur le système neuronal.

Et les facteurs personnels, comment jouent-ils ? La personnalité est une entité complexe, très intriquée avec les conditions du développement, à l'environnement familial, éducatif et social. Aucune personnalité n'est vraiment prédictive d'addiction. En revanche, des chercheurs mondialement reconnus comme H.J. Eysenck, C.R. Cloninger ou M. Zuckerman étudient depuis une vingtaine d'années certains facteurs individuels de vulnérabilité liés à des tempéraments plus qu'à des personnalités.

Le tempérament, pour les chercheurs, est un concept plus simple, plus pur, biologiquement déterminé. Il semblerait exister une relation entre certaines dimensions du tempérament (en particulier celle de la recherche de sensations), l'impulsivité, l'anxiété, les tendances dites antisociales (recours fréquent à la transgression) et les toxicomanies. Parmi les éléments qui caractérisent les sujets appelés « chercheurs de sensations fortes », on trouve des traits aussi divers que la propension à l'ennui, la désinhibition sous ses diverses formes (lorsqu'une personne est facilement encline au passage à l'acte), la recherche d'expériences sensorielles ou intellectuelles, mais surtout l'attirance pour les conduites à risque (sport dangereux mêlant vitesse et danger). La grille d'analyse du risque explore aussi des aspects plus fins de la personne. L'angoisse de séparation, la dépendance affective, les capacités de contrôle des émotions et des stress ne sont pas toujours évaluables d'emblée.

Luc ne présentait à l'évidence aucune de ces caractéristiques. Il s'ennuyait rarement et l'astronomie n'est pas véritablement un hobby à risque. Après ces cinquante minutes d'entretien, je n'étais plus vraiment inquiet. Ce premier contact avait permis à Luc de comprendre que son interlocuteur n'avait pas d'idée préconçue, ne cherchait pas à le juger et n'avait pas réponse à tout. Très vite, il avait su que je n'étais ni pour ni contre le haschich, que je ne prenais parti pour personne, ni pour lui ni pour son père.

Nous nous sommes revus trois fois. D'entretien en entretien, nous avons approfondi ce qu'il souhaitait. À chacun de ses rendez-vous, je l'informais de mes interrogations et de nos incertitudes, des risques liés à une sursimplification excessive. Résumer ces consultations serait difficile. Il fut question de lui, de son cousin, de ses amis, de sa famille. Une fois le contact établi, ne se sentant plus en danger, de vraies questions apparurent, et non des moindres.

Quid de la théorie de l'escalade ?

Chacun d'entre nous a entendu ou lu la « théorie » suivante : « On commence par un joint, on finit dans l'héroïne. » Sur quelles bases scientifiques un médecin peut-il s'appuyer pour répondre ?

La récente polémique autour de cette théorie de l'escalade (la consommation de haschich ouvre la voie aux consommations de drogues dures) oppose les chercheurs dont l'honnêteté scientifique est indiscutable. Jean Costentin, professeur au CNRS de Rouen, est un spécialiste estimé de ses pairs, un expert reconnu pour ses travaux de neurobiologie. Pourtant ses conclusions sont critiquées par la communauté des neurobiologistes.

C'est à partir d'études animales, portant sur des souris modifiées génétiquement, que les hypothèses sont envisagées. Ces souris, dites *knocked-out*, ne disposent plus des récepteurs cibles du cannabis, les récepteurs CB1 et CB2. Les expériences montrent qu'elles perdent alors également leur appétence pour l'héroïne.

Les conséquences chez l'homme semblent indiscutables et l'Académie nationale de médecine reprend à son compte l'esprit des conclusions du professeur Costentin : « L'intrication des systèmes cannabinoïdes et endorphinergiques révélée par ces expériences récentes, sans encore accéder au niveau de la certitude, donne une base mécanistique au constat que la plupart des héroïnomanes ont préalablement abusé du cannabis. Selon une métaphore empruntée à la teinturerie, le cannabis mordancerait la fibre sur laquelle l'héroïne se fixerait avec une plus grande facilité. » En d'autres termes, il y aurait un certain phénomène d'imprégnation au cannabis qui créerait un terrain favorable à d'autres drogues plus fortes, notamment aux opiacés. Le THC (tétrahydrocannabinol) préparerait le toxicomane à percevoir d'emblée, et sur un mode accentué, le « plaisir » qu'il éprouve lors des premiers usages d'héroïne, conduisant à leur répétition avec l'extrême détérioration qui en résulte.

Face à ce discours, une communauté de vingt-cinq scientifiques ayant travaillé sur le même sujet aboutit à des conclusions différentes. Contre les conclusions du professeur Costantin une critique terriblement technique porte sur la méthode expérimentale elle-même. Le système nerveux central de ces souris *knocked-out* est très profondément modifié, puisqu'il est privé des récepteurs du cannabis. Du coup, le délai accordé aux souris pour utiliser les opiacés est trop bref. Qui a tort, qui a raison ? Un chercheur d'un côté, vingt-cinq chercheurs de l'autre ? L'ex-présidente de la MILDT (Mission interministérielle de lutte contre la toxicomanie), Nicole Maestracci, qui présentait le rapport d'expertise de l'INSERM, concluait d'ailleurs sans ambiguïté que le cannabis ne provoquait pas de lésion irréversible des neurones et que la théorie de l'escalade de cette drogue vers d'autres drogues était largement fausse.

Comment un simple psychiatre peut-il s'y retrouver ? À défaut de certitude, ce que d'ailleurs le professeur Costantin souligne très honnêtement, force est pour le simple clinicien de s'en remettre pour cette question à une communauté d'experts.

« Docteur, le cannabis peut-il rendre fou ? »

La consommation de cannabis augmente-t-elle le risque de devenir schizophrène ? À cette dernière question la réponse n'est guère plus simple, mais les études, au moins, ont été conduites chez l'homme.

Une première étude suédoise, initiée en 1970, concernant une population de conscrits, conclut que le risque de devenir schizophrène est augmenté, et cela pour l'ensemble du panel. Une seconde étude néo-zélandaise, démarrée vers la même période, conclut à une même augmentation du risque de devenir schizophrène, mais cela seulement pour une catégorie de sujets préalablement vulnérables.

Pour chacune de ces études les mêmes questions méthodologiques se posent : précocité de l'exposition à une ou à plusieurs substances (haschich mais aussi amphétamines, alcool, etc.) ; causes de la consommation (une substance n'est-elle pas initialement utilisée comme automédication chez des adolescents déjà angoissés, déprimés ou malades) ? Quelles sont les doses utilisées et leur rôle, leur concentration en THC, etc. ? Une chose est sûre : il n'existe pas, à ce jour, d'étude épidémiologique permettant de répondre de façon claire et indiscutable à cette immense question. Il est possible, ajoutent certains, que le cannabis puisse révéler un état préexistant.

Le devoir du médecin est alors d'informer le plus précisément possible le patient de l'état des connaissances et des risques qu'il encourt, en faisant abstraction de tout jugement moral et de toute idéologie ambiante.

Luc se demandait surtout si l'usage plus ou moins régulier du cannabis pouvait nuire aux études.

Là encore les conclusions divergent. Les troubles de la mémoire et de la cognition souvent mis en avant chez des personnes consommant du cannabis seraient liés à la présence de récepteurs CB1 dans des zones du cerveau essentielles au processus de mémorisation. Le cannabis diminuerait également les capacités d'attention.

En fait, tout est affaire de méthode et d'appréciation : à partir de quel seuil et surtout de quelle concentration de substance constate-t-on des effets significatifs ? L'idée que les effets de l'alcool sur la vigilance, la mémoire, les fonctions d'apprentissage et l'état des neurones dépendent du taux d'alcoolémie et de la durée d'une consommation excessive d'alcool tombe sous le sens. Mais, au sujet du cannabis, étrangement, la communication se fait rarement sur ce mode analytique et scientifique. La substance est jugée « coupable » ou « disculpée ».

Au cours de nos entretiens, le jeune homme avait manifesté pour ces questions techniques beaucoup de curiosité. Il ne voyait pas la médecine sous cet angle, une vocation venait peut-être de naître. Il se sentait en tout cas prêt à rassurer sa famille, il comprenait ses risques, il avait repéré ses limites. À l'issue de ces entretiens, je proposai à Luc que nous fassions ensemble une synthèse de nos échanges.

D'une façon générale, c'est moins la substance en elle-même qui définit le risque médical que la manière dont on l'utilise. Le danger est avéré chez les usagers réguliers et excessifs, en particulier si les concentrations en principe actif sont fortes.

L'origine des produits est importante à connaître, et le cannabis rouge néerlandais est aujourd'hui particulièrement toxique. Les taux de THC[1] qui sont de 2 à 3 % dans l'herbe venue du Maroc (80 % de la consommation française) peuvent pour d'autres origines dépasser les 10 à 15 %.

Chaque individu est doté d'un équipement enzymatique particulier et il existe une importante variabilité interindividuelle quant à la métabolisation de ces substances. Les sensibilités neuronales varient, comme les raisons de consommer du cannabis ou de fumer du tabac ou de s'alcooliser. La déconnexion plus ou moins profonde avec le réel crée toujours une nouvelle situation qui n'est jamais sans risque.

Chacun en se connaissant mieux est apte, s'il est informé, à gérer son propre risque à condition qu'il ne soit pas trop jeune (ou pas trop immature), pas trop seul (ou pas trop perdu au milieu des autres), pas trop fragile (ou pas trop influençable).

Des campagnes d'information sont utiles. Les chiffres récents concernant la consommation des adolescents sont alarmants : pour ce qui concerne le haschich, mais aussi pour l'alcool, le tabac et les autres

1. Un tétrahydrocannabinoïde.

drogues. Il est évident que la marge entre utilisation festive et addiction est, pour certains sujets à risque, extrêmement étroite.

Luc n'est pas une souris, il n'est plus un enfant. À l'heure actuelle, il n'est pas toxicomane et il va bien. Il maîtrise ce qu'il consomme et n'est pas, a priori, un sujet à risque. S'il décide de continuer, ce sera « en son âme et conscience », et surtout en connaissance de cause, en étant bien informé. Seul un dialogue adulte entre personnes responsables permet d'approcher un risque qui est toujours singulier. La vérité scientifique évoluera sans doute dans les années à venir, mais Luc se souviendra, je pense, de ses rendez-vous qui l'auront aidé à devenir adulte.

4

« Il drogue notre enfant »

Du bon usage de la Ritaline chez l'enfant hyperactif

> « Comme ceux qui souffrent sont impatients, et qu'il n'est point avantageux à l'honneur des médecins ni au profit des apothicaires de voir des malades sans rien ordonner, les médecins ne visitent point assez et ordonnent trop. »
>
> Malebranche

L'enfant hyperactif : tout le monde en parle aujourd'hui. Il ne se passe pas de semaine sans qu'un article de presse ou une émission de télévision ne vienne apporter son lot d'informations ou de cas d'école sur le sujet. Or, la notion d'hyperactivité est loin d'être simple et suscite de nombreux débats chez les spécialistes.

Bien que n'exerçant plus du tout la pédopsychiatrie depuis des années, j'ai eu l'occasion, au cours d'un congrès aux États-Unis, d'améliorer mes connaissances, très obsolètes en ce domaine thérapeutique.

En Amérique du Nord, en effet, certains congrès

réunissent des milliers de psychiatres du monde entier. À côté des amphithéâtres et des salles où se tiennent les conférences, il y a toujours, comme dans les salons ou les foires, un immense hall où les grandes firmes pharmaceutiques exposent leurs stands. Chaque compagnie rivalise d'invention pour proposer des éléments d'information attrayants au sujet des médicaments psychotropes qu'elle commercialise. Classiquement, les psychotropes exposés traitent les grandes maladies mentales : dépressions, troubles bipolaires, TOC (troubles obsessionnels compulsifs), schizophrénie, démence. Curieusement, depuis deux ou trois ans, près de la moitié de ces pôles mi-informatifs mi-publicitaires sont consacrés à des molécules destinées aux enfants et aux adolescents. Singulièrement au méthylphénidate[1], un médicament très ancien, mais qui resurgissait au premier plan de l'actualité car il est utilisé massivement aux États-Unis comme principe actif pour soigner des enfants et des adolescents sévèrement handicapés par des troubles liés à l'hyperactivité.

---

1. Le méthylphénidate est commercialisé en France sous le nom de Ritaline, dans la seule indication « trouble déficitaire de l'attention avec hyperactivité » depuis 1995 (avec confirmation en 1998). Sa prescription fait l'objet de nombreux débats.

Et l'Amérique invente l'« hyperactivité avec trouble de l'attention »

À l'époque, en France, nous ne parlions pas encore d'« hyperactivité » mais de troubles anxieux et du comportement. À l'origine des troubles, nous cherchions des difficultés relationnelles dans le milieu familial, des difficultés éducatives transitoires. Pour bien se structurer, un enfant devait intégrer des limites, tolérer des frustrations. On observait souvent, chez l'enfant atteint de tels troubles, un certain degré d'opposition ou d'impulsivité, qu'on lui permettait de surmonter grâce à une aide psychologique et à une guidance parentale brève. Mais nous n'allions pas plus loin.

Pour nos confrères nord-américains, l'« hyperactivité avec déficit de l'attention » (THADA) était une tout autre affaire. Le THADA apparaissait comme un trouble chronique et non, comme je le croyais, comme un trouble passager. Il gênait considérablement la vie familiale, surtout dans ses formes sévères, et était susceptible de prendre différentes formes d'expression. Il était sans cause connue, en dehors du rôle facilitateur des stress environnementaux. Les troubles évoluaient de façon particulière dans les milieux sociaux défavorisés.

Les enfants concernés avaient deux à trois fois plus de risques d'être en échec scolaire. Les troubles d'apprentissage de la lecture, qui touchent 6 à 8 % de la population générale, atteignaient des scores de 23 à 39 % chez les enfants hyperactifs. De surcroît, le développement d'un THADA devait faire redouter une évolution vers des abus de substances licites (alcool, tabac) et illicites (cannabis et psychostimulants).

Les schémas de traitement étaient longuement expliqués. L'American Academy of Pediatrics recommandait une prise en charge associant médicament, thérapie comportementale, psychothérapie, aide éducative et rééducative.

Personne, au cours de ce congrès, ne semblait mettre en doute l'importance et la réalité même de ces troubles et la possibilité de les soigner. Les différences entre laboratoires portaient moins sur l'intérêt des molécules elles-mêmes que sur la présentation des médicaments et sur leurs variations dites « galéniques » (tablettes, comprimés, gélules, gouttes, etc.). Le principe actif, le méthylphénidate, est associé à des substances diverses. Certaines formes, dites « à effet retard », permettent de remplacer des prises pluriquotidiennes par des prises quotidiennes. L'enjeu était réel, mais ne laissait pas de me rendre perplexe.

Prescrire ou ne pas prescrire : le cas d'Édouard

Dans l'avion de retour, je m'étais interrogé sur les causes de cette surexposition assez soudaine d'un trouble qui n'avait pas pu exploser comme une épidémie hyperactive. Mon esprit vagabondait, passant de l'épidémiologie à la recherche. J'y voyais surtout l'exemple même du pragmatisme nord-américain, la logique du marché se substituant à l'idée d'universalité. Surtout tout cela révélait, à mon sens, la sacralisation du présent, terriblement ressentie au cours de ces jours de congrès. L'urgence de traiter, d'intervenir, l'urgence d'avoir réponse à tout, l'urgence qui tient lieu d'éthique.

Je pensais à mon vieux copain, le docteur Cuche, qui déclarait : « Il est urgent d'attendre », et à ces années où, jeune psychiatre, alors que je dirigeais un intersecteur de psychiatrie d'enfants, la tradition était, quelles que soient les pathologies, de ne jamais prescrire. Pour l'équipe que je dirigeais à l'époque, la prescription de médicaments psychotropes chez un enfant ou un adolescent ne pouvait émaner que de l'esprit perverti de pédopsychiatres barbares et intégristes regroupés au sein du service hospitalo-universitaire voisin !

Bientôt, un quart de champagne et un demi-comprimé de somnifère (association formellement contre-indiquée par la Faculté) eurent raison de ma vigilance. Je m'endormis alors qu'à travers les oreillettes, Charlebois chantait qu'il reviendrait à Montréal dans un Boeing bleu de mer. Le lendemain, Roissy, dans le petit jour gris. La vie et les consultations avaient repris.

Quelques mois plus tard, une consultation vint opportunément me ramener à Philadelphie, à New York. La question du méthylphénidate, de l'enfance singulièrement agitée, turbulente, ou véritablement malade, venait de me rejoindre.

La mère qui était assise devant moi venait m'exposer le cas de son fils : « Édouard a huit ans. Il est en CE2. Son père et moi vivons séparés depuis trois ans. Je travaille à Paris, mon mari à Milan. Sa direction lui a proposé un poste qu'il pouvait difficilement refuser. Comme on ne s'entendait plus, cela arrangeait tout le monde... sauf notre fils, apparemment. Les deux premières années, il est resté avec moi, mais ça n'allait pas, il n'écoutait rien, ne tenait pas en place. Je suis patiente, pourtant je n'en venais pas à bout, il ne supportait aucune contrainte. Il n'était pas comme ça au jardin d'enfants. J'ai l'impression que c'est notre séparation qui a tout déclenché. Pourtant, nous ne sommes pas divorcés, on ne se dispute pas devant lui. Il voyait régulièrement son père. Alors depuis septembre, avec mon accord, il est parti vivre à Milan. Il est au lycée français, ses copains sont français, la jeune fille au pair est bilingue... Nous espérions que ça allait s'arranger. En réalité, c'est pire qu'avant. Mon mari s'est senti tellement dépassé qu'il est allé consulter un spécialiste là-bas. Et voilà : on veut mettre Édouard sous médicament, des amphétamines d'après ce que j'ai compris ! Ça, il n'en est pas question ! Si c'est ça, je le ramène ici. Son père ne fait pas mieux que moi et en plus il le drogue. Avant de prendre ma décision, je suis venue vous demander conseil. »

Je fus amené à revoir cette mère cinq ou six fois, à téléphoner à plusieurs reprises au père et même à l'institutrice du lycée français de Milan. L'attitude d'Édouard en classe était clairement inadaptée. Il était très gentil par ailleurs, mais incapable de suivre des consignes, de terminer une tâche. Le moindre signal le distrayait. Il ne pouvait pas se concentrer plus de quelques minutes sur une activité d'apprentissage. Incapable d'attendre son tour pour répondre, il énervait ses camarades. Il avait déjà perdu trois trousses, deux bonnets, quatre paires de gants. Au cours des séances particulières que la maîtresse avait accepté de lui donner pour améliorer ses résultats, l'enfant se montrait plus concentré, attentif un peu plus longtemps, surtout s'il y avait une récompense immédiate à la clé et si le père était présent. Mais, bien que très utile, ce dispositif ne suffisait pas.

Les chercheurs cliniciens qui travaillent sur ce trouble ont mis en lumière les aspects du déficit d'attention chez ces enfants. L'attention auditive est réduite : l'enfant perd les informations qu'il est censé entendre et les oublie. L'attention visuelle est faible : même copier un texte devient difficile. En lecture, l'enfant ne lit que le début des mots. Il répond sans avoir écouté l'ensemble de la question, sans envisager toutes les solutions possibles, sans organiser les étapes d'un raisonnement. Perdu devant un problème, il est incapable d'organiser sa pensée pour demander de l'aide. C'est trop long, trop frustrant de devoir attendre.

La jeune femme, que les comportements d'Édouard ne décourageaient pas, s'était renseignée, avait téléphoné à une amie spécialiste de la question,

Monique Touzin. Cette dernière lui avait donné des conseils qui s'étaient révélés très utiles : supprimer un maximum d'objets de la pièce de travail ; inventer des tâches un peu nouvelles, attrayantes, de courte durée (quelques minutes) ; rassurer, féliciter l'enfant après chaque phase, même brève ; être détendue mais ferme sur le respect des règles.

C'est la persistance des difficultés en dehors de l'école qui avait décidé le père à consulter. Lorsque Édouard était invité chez des camarades ou chez des amis du père, son impulsivité, sa tension indisposaient tout le monde. L'enfant s'en rendait compte et souffrait, sans pouvoir l'exprimer, de difficultés relationnelles qui gâchaient sa vie et celle de ses parents.

Comment faire ? Le père s'était renseigné, était allé sur Internet et était convaincu : il voulait la Ritaline. La mère refusait d'entendre parler de médicaments, exigeait une psychothérapie, une orthophonie, enfin une vraie prise en charge.

Je pensais comprendre les enjeux, identifier les éléments du conflit, avoir une ou deux idées pour aider à la gestion de la crise. Mais je devais aussi m'interroger sur mon propre niveau de connaissances. Connaissances ou opinions ? Démarche scientifique ou a priori idéologiques subjectifs ? Avais-je le niveau de savoir suffisant ou non pour comprendre ?

Dans cette histoire, je n'étais à aucun moment le prescripteur. Si la question s'était posée sous cet angle, j'aurais évidemment orienté Édouard vers un confrère ou un service spécialisés. L'affaire était d'autant plus complexe qu'un désaccord Milan-Paris venait redoubler le différend père-mère. En effet, l'équipe hospitalo-universitaire italienne avait, je l'appris rapidement, participé aux essais cliniques du méthylphénidate, alors que les psychiatres consultés en France n'avaient entendu parler du produit que par la télévision et les hebdomadaires.

Tant qu'une molécule n'a pas obtenu son autorisation de mise sur le marché (AMM) et un prix, les laboratoires pharmaceutiques ne sont pas autorisés à communiquer sur une pathologie. En me documentant, je découvris que la situation était loin d'être claire. Un livre écrit par un ami, le docteur Michel Lecendreux [1], me fut d'une aide précieuse. Des articles de la revue *Prescrire* m'incitèrent à la prudence. Je repris par ailleurs certains documents américains.

En réalité, la validité du diagnostic de THADA est loin d'être établie. Il persiste des désaccords entre classifications. Il est donc difficile de définir la prévalence réelle du trouble. La question de son intensité, notamment, est fondamentale. Il semble prudent, en l'état actuel de nos connaissances, de réserver la prescription aux enfants chez qui les aides psychologiques ou psychopédagogiques ne suffisent pas. S'il existe un trouble du langage, une prise en charge orthophonique est nécessaire. Si une immaturité psychomotrice est mise en évidence, un psychomotricien doit intervenir.

1. Michel Lecendreux (avec E. Konofal et M. Touzin), *Réponses à vos questions sur l'hyperactivité,* Solar, 2003.

Les familles doivent être accompagnées dans la gestion quotidienne de la vie et cette aide, individuelle ou en groupe, constitue sans doute la clé de voûte du projet thérapeutique. Car le plus souvent, après quelques mois d'évolution, les parents se sont résignés à l'impuissance et ont démissionné de leur rôle. Leur enseigner des méthodes pour mieux vivre au côté de leur enfant hyperactif les remet en confiance et les autorise à se réapproprier leurs fonctions parentales. De plus, lors de ces réunions très pratiques, d'autres choses s'échangent et se disent, même si l'orientation initiale n'est pas psychothérapique : chacun se laisse aller à parler de soi, de ses problèmes, et ces échanges sont souvent éclairants, donnent souvent des idées.

Oui, mais au-delà ? Quand ces approches restent inefficaces ou impossibles à mettre en œuvre ? Lorsque les conséquences familiales, scolaires, sociales deviennent très graves ? Au nom de quelle raison disqualifier a priori l'aide d'un médicament ayant prouvé son efficacité à travers des études scientifiquement conduites ?

Le traitement actif, soit, mais sous conditions et sous surveillance

La neurobiologie du cerveau, certaines techniques d'imagerie suggèrent, chez ces enfants, des dysfonctionnements réversibles au niveau de zones du cortex chargées du maintien de l'attention focalisée et de la régulation des impulsions.

Le mécanisme d'action du méthylphénidate diffère de celui de l'amphétamine. Il existe au niveau des connexions du système nerveux central des milliards de neurones où noradrénaline, sérotonine et dopamine sont libérées en permanence et en partie recaptées. Les amphétamines agissent en vidant de leur contenu les vésicules présynaptiques ; en termes biologiques, elles n'économisent rien, mais au contraire épuisent très vite un système. Le méthylphénidate s'oppose à la recapture et stimule sans épuiser. Certes l'effet reste artificiel, exogène. Mais son rendement biologique diffère et les dangers d'utilisation ne sont évidemment pas les mêmes.

Selon les études américaines, tous les enfants sous traitement ne sont pas également « répondeurs », le traitement n'agit pas de la même façon sur tout le monde. Si, après trois à quatre semaines d'utilisation, l'action n'est pas évidente, il convient d'arrêter. Contrairement aux antidépresseurs qui agissent en trois ou quatre semaines, l'action du méthylphénidate s'exprime rapidement, souvent en moins d'une semaine. L'effet immédiat est ressenti une demi-heure après la prise et sa durée dépend de la forme galénique prescrite.

Si les firmes insistaient à ce point sur les formes galéniques et la prescription, ce n'était pas par hasard. La molécule simple est très vite éliminée par l'organisme, en quelques heures. Pour « couvrir » la journée scolaire, trois prises au moins sont nécessaires. Les enfants soignés pour des troubles de l'attention sont évidemment incapables de penser à prendre leurs médicaments et les deux tiers d'entre eux oublient leur prise de midi. L'agitation réapparaît alors au début de l'après-midi. Les formes dites « retard » sont utilisées en une seule prise matinale, au domicile. Elles agissent sur l'ensemble de la journée et évitent à l'enfant de devoir prendre des comprimés devant ses copains de classe.

La mise sous traitement, lorsqu'elle est décidée, reste affaire de spécialiste. Elle doit être très progressive et tenir compte du poids et de la tolérance au médicament. Des maux de tête ou de ventre, des tics en début de traitement peuvent conduire à réduire ce dernier, voire à l'interrompre. Certaines difficultés d'endormissement ne sont pas rares, mais peuvent être reliées à l'anxiété ou au trouble lui-même. Il faut surveiller le poids (l'appétit est souvent réduit, des collations supplémentaires peuvent améliorer la nutrition). Des ralentissements de croissance ont été observés avant la puberté ; en principe ils se rattrapent à l'arrêt du traitement. Des phénomènes de rebond ont été décrits, au cours desquels la symptomatologie s'aggrave pendant une heure ou deux ; ils nécessitent alors un ajustement de la posologie.

À l'évidence, la prescription n'est pas anodine et le rapport bénéfice-risque doit être soigneusement précisé, discuté. Elle incombe au pédopsychiatre formé, informé, disponible et ne peut en aucun cas être dissociée des autres éléments éducatifs et psychothérapiques de la prise en charge.

Est-elle raisonnable ? Oui, si l'on en croit les études cliniques et les éléments du dossier qui ont permis au médicament d'obtenir son autorisation de mise sur le marché. Oui, si l'on en croit les quelques collègues qui, dans des conditions extrêmement précises, l'ont utilisé et ont suivi de très près les effets positifs et négatifs de ces traitements.

Est-elle dangereuse ? A priori non, mais la prudence s'impose. La surveillance régulière de la tension artérielle est recommandée en raison des risques d'hypertension. Des interruptions de traitement au moment des vacances sont nécessaires afin de réduire les retards de croissance.

Pourtant, malgré toutes ces études et ces informations sur les nécessaires précautions d'utilisation, cette innovation heurtait mes habitudes. Devais-je transmettre ma réticence à cette mère, déjà inquiète et en conflit avec son mari ? Rester simplement neutre ?

Une prescription sur mesure

Ensemble nous avons repris l'histoire. Je devais, moi aussi, me défaire de mes habitudes et des idées reçues et tenter de comprendre, sans a priori.

J'ai demandé pourquoi, au cours des deux années passées seule avec son fils, alors que les troubles étaient évidents, elle n'avait pas initié les thérapies qu'aujourd'hui elle exigeait.

« Je l'ai fait, répondit-elle, mais ça n'a pas marché.

L'école m'avait adressé à un centre. J'y suis allée avec Édouard. On voulait bien le prendre en charge à condition que je sois suivie moi-même et qu'ils rencontrent son père. J'ai accepté, bien sûr, ça me faisait du bien de parler, je me sentais moins seule. Mais au bout de quelques séances, la psychologue qui recevait Édouard a calé. Il se tortillait, tripotait les crayons, les jouets, les pâtes à modeler, mais n'arrivait même pas à terminer un dessin. Au bout de dix minutes, il n'en pouvait plus et elle non plus.

Trois mois plus tard, nous avons revu quelqu'un d'autre, un thérapeute pour enfants que l'on m'avait recommandé. Il a accepté de recevoir Édouard une fois, puis m'a dit qu'il n'avait plus de place et m'a orientée vers un de ses collègues moins chargé. Nous y sommes allés pendant trois mois. J'étais très rassurée. Édouard dessinait des scènes de guerre, de destruction, parlait de bagarre. Mais ça n'avançait pas, il fallait interrompre les séances. Dans la vie de tous les jours, à l'école, rien ne changeait. Au bout de trois mois, les vacances de Pâques sont venues, la fin de l'année est arrivée et nous avons arrêté. »

Lorsque je fis remarquer que l'intensité des symptômes avait peut-être rendu impossible le début d'une thérapie, et qu'après tout il n'était pas absolument stupide de tester si un médicament n'allait pas rendre possible ce qu'elle jugeait utile mais n'avait pas pu réaliser, j'eus l'impression d'avoir inventé la Licorne. Et si un traitement prudemment conduit permettait, en réduisant l'impulsivité, en améliorant la concentration et l'attention, que des aides psychologiques fonctionnent ? Et si les deux parents parvenaient à se mettre d'accord, pour un temps donné, sur une double approche ?

Ce qui fut dit fut fait. À Milan, en plus de son psychiatre prescripteur, Édouard prit l'habitude, chaque semaine, d'aller voir une jeune thérapeute. Francesca avait fait ses études à Genève, puis à Paris ; elle était totalement bilingue. Apparemment, les séances se déroulèrent beaucoup plus paisiblement. Deux semaines après le début du traitement, l'institutrice repéra une amélioration sensible du comportement. Six mois plus tard, les progrès scolaires étaient nets. Édouard pouvait aller passer le week-end chez un copain. Le mois de juillet avec sa mère fut pour elle un petit paradis, et cela bien que le traitement ait été arrêté pendant les vacances.

Nul ne sait ce qu'Édouard, au cours des séances, a pu dessiner, imaginer, raconter, inventer, jouer. Le discours officiel « Papa s'en va en Italie pour son travail » n'avait évidemment pas tenu. Le désaccord entre les parents était profond, ancien. L'enfant n'avait pas été dupe. Édouard était né hors mariage, la situation avait été régularisée mais l'entente n'avait jamais été réelle, même si rien ne transparaissait. Petit bonhomme tout-puissant, il portait sur ses épaules le couple de ses parents. Ce scénario est une hypothèse. Francesca n'a rien livré des séances.

Il est absurde de considérer que les troubles psychiques ont une cause unique. À lui seul, un événement ne parvient que rarement à déclencher une pathologie. Un enfant est en perpétuelle réorganisation. Si, sous l'effet de circonstances convergentes, sa vie psychique est débordée, menacée, et si un médicament lui permet de calmer sa pensée, de la rendre moins chaotique, moins brouillée, pourquoi se priver de cette aide ? Pourquoi ne pas le soulager d'un afflux qui le déborde et l'empêche de dominer le trouble qui l'envahit ?

Un projet de ce type réunit deux mondes qui le plus souvent s'ignorent ou se méprisent. C'est en dépassant leurs clivages traditionnels que les psychiatres d'enfants comme les psychiatres d'adultes amélioreront véritablement l'efficacité de leurs prises en charge. Cela suppose évidemment qu'ils aient connaissance de leurs recherches mutuelles. Ignorer le poids des facteurs génétiques, refuser de prendre en compte certains facteurs de risque (ou de protection) est stupide et dépassé.

Il existe des associations de parents d'enfants hyperactifs. Les familles, de mieux en mieux informées, toléreraient difficilement que tout ne soit pas mis en œuvre pour que la santé mentale de leur enfant, véritablement malade, s'améliore rapidement. Il ne s'agit pas de se mobiliser tous azimuts, de multiplier dans le désordre les démarches de soins. Pour chaque enfant, dans une situation donnée, en tenant compte des opinions de ses parents, des possibilités réelles de soins dans son environnement, un projet est toujours organisable. Si les intervenants se reconnaissent, si chacun est entendu et si les décisions sont prises, non plus sur des a priori mais à partir de résultats scientifiquement prouvés, tout cela est possible.

On constate aujourd'hui une tendance inquiétante à la parcellisation de la psychiatrie. Considérer que les troubles du sommeil, de l'alimentation, de l'attention, du contrôle des actes et des émotions puissent être dissociés constitue un réel danger. Utiliser, pour un temps limité, un médicament agissant sur une fonction et ce, dans le cadre d'une approche d'ensemble cohérente peut représenter une chance supplémentaire pour des enfants gravement déstabilisés. C'est en devenant capable de respecter les réelles indications que nous serons en mesure d'éviter que ce type de traitement ne soit, comme aux États-Unis, utilisé et prescrit à l'excès à des enfants simplement turbulents.

5

« Si c'était votre fils »

Peut-on prévenir la schizophrénie ?

> « Mal nommer les choses, c'est ajouter du malheur au monde. »
>
> A. Camus

L'homme qui entre dans mon bureau s'appelle Vincent P. Il n'a laissé à la secrétaire que son identité et son numéro de portable. Il est âgé d'une soixantaine d'années, visage carré, regard direct. À peine assis, et alors que je lui demande qui l'adresse à moi, il pose les deux coudes sur mon bureau et parle :

– Je viens vous voir parce que j'ai trois enfants, deux garçons et une fille, et mon fils aîné est schizophrène. Il a été soigné et va plutôt bien depuis trois ans. Mon second, Paul, a dix-neuf ans et je trouve que, depuis le début de l'année, il n'est plus comme avant. Il refuse de voir un médecin et se renferme, il prend le chemin de son frère et je veux qu'il soit traité avant qu'il ne se désorganise. Il n'est pas vraiment malade, mais ça vient, je le sens, je vous ai entendu parler l'autre jour à la conférence. Aidez-moi, comme si c'était pour votre fils.

– Quelle conférence ?

– À la Maison des centraliens, il y a trois mois. J'ai beaucoup apprécié l'ensemble des interventions. Vous et vos confrères avez été clairs et très chaleureux : Dieu sait que nous, les familles, en avons bien besoin. J'ai pris rendez-vous avec vous parce que vous avez dit des choses qui vont à l'encontre de tout ce que je pensais avoir compris, vous avez dit que vous ne croyiez pas au diagnostic de schizophrénie. Je voudrais que vous aidiez mon fils. Est-ce qu'un traitement dès maintenant peut l'empêcher de vraiment tomber malade ? Je ne veux pas revivre avec lui ce que nous avons traversé.

Je me souvenais avec précision de cette journée. L'après-midi avait été dense, émouvante et j'avais encore en mémoire les interventions bouleversantes de certaines familles. Mes collègues m'avaient demandé de traiter de l'« Annonce du diagnostic de schizophrénie ». Nous étions dans le contexte de l'accès au dossier médical, des évolutions de l'information à donner au patient. L'angle que j'avais choisi était celui de ma conviction : l'essentiel n'est pas d'énoncer « Vous êtes atteint de schizophrénie ». L'essentiel est de tisser un lien qui permette d'initier une relation de confiance, de faire comprendre, avant d'en venir à nommer précisément un trouble, que ce qui caractérise la situation de vie rencontrée par un sujet ou une famille est en effet « anormal ». Pas anormal au sens du jugement moral ou social : « ne pas se laver, c'est être sale », « ne pas travailler, c'est être fainéant », « se renfermer, c'est faire la gueule », « s'endormir le matin à sept heures tous les jours, c'est trop aimer la télévision » ; non, anormal au sens d'une fonction mentale qui, ne s'exerçant plus normalement, indique malheureusement l'entrée dans un processus pathologique dont l'évolution est incertaine.

Je ne me souvenais pas avoir dit que je ne croyais pas au diagnostic de schizophrénie. J'avais, à travers une dizaine de diapositives, souligné certaines difficultés. Je pense être un militant convaincu de la cause des patients. Je pense aussi que les évolutions sociologiques s'élaborent et nécessitent du temps.

La schizophrénie est un « patchwork » de troubles

J'avais ce jour-là rappelé plusieurs points. La schizophrénie est un syndrome, un ensemble de troubles (hallucinations, troubles de la pensée et du langage, délire, mais aussi démotivation, apathie, repli sur soi, dépersonnalisation) dont les causes sont multiples. Elle concerne environ 1 % de la population et touche, de manière indifférenciée, toutes les couches de la société. Les troubles se développent en général à l'entrée dans l'âge adulte. Quelles que soient la nature et l'intensité des troubles, les gens qui souffrent de schizophrénie éprouvent de grandes difficultés à établir des relations avec autrui et à effectuer les tâches les plus simples de la vie quotidienne.

Nous continuons malgré les progrès accomplis d'ignorer précisément la ou les causes de la schizophrénie. De toutes les hypothèses qui se sont succédé pour en éclairer l'origine, aucune n'a été totalement invalidée. Il n'est pas exclu que certaines sous-catégories de troubles soient liées à des processus dégénératifs. Des facteurs infectieux ne constituent sûrement pas une cause de schizophrénie, mais sont peut-être des cofacteurs dans le développement de la maladie. Les aspects psychodynamiques, ceux liés à l'environnement social modulent et régulent probablement l'expression de la pathologie. Quant aux pistes neurobiologiques et génétiques, elles sont à l'évidence fortement impliquées dans le processus, mais selon des modalités non encore clairement définies.

Les formes cliniques de la maladie sont si nombreuses, les sensibilités aux traitements si diverses, les évolutions dans le temps tellement variables, qu'il est difficile de regrouper un ensemble très hétérogène sous un diagnostic unique de schizophrénie. Certaines formes sont parfaitement caractéristiques de la schizophrénie, mais d'autres, très nombreuses, posent la question des frontières avec d'autres maladies : troubles dits schizotypiques, troubles délirants induits par les drogues, troubles psychotiques aigus et transitoires, troubles dits schizoaffectifs, etc.

Enfin, et c'est ce que M. P. avait retenu, j'avais cité en conclusion un confrère anglais, German Berrios, professeur à Cambridge, spécialiste de l'histoire de la psychiatrie. À la question : « Comment voyez-vous la schizophrénie dans vingt ou trente ans, peut-être cinquante ? », ce confrère répondait : « Je pense que c'est une maladie qui va se disperser à partir du moment où on aura une meilleure connaissance étiopathogénique des troubles. Je considère l'histoire de la schizophrénie comme une série de modèles ou projets de recherche peu liés et contradictoires, qui ont été plus ou moins intégrés dans la définition actuelle de la schizophrénie. Il en découle que, dans les classifications modernes, la définition de la schizophrénie apparaît comme un patchwork de caractéristiques variées. » Pour nous, psychiatres, il est évident que le pronostic de certains troubles mentaux dépend largement du modèle auquel nous nous référons pour comprendre et traiter. Si l'on considère la schizophrénie comme résultant d'une détérioration progressive irréversible, comme une pathologie neurodégénérative, on en est réduit à « soigner » une maladie incurable dont il faut se résigner à simplement réduire les grands accès.

« Mal nommer les choses, c'est ajouter du malheur au monde »

Au cours de cette journée, il avait été largement fait référence à une autre hypothèse, celle d'un modèle dit neurodéveloppemental qui, dans une tout autre perspective, permet, en imaginant des interventions précoces, de mettre en échec un potentiel évolutif. Ces recherches, limitées et encore incertaines, suggèrent que l'utilisation de traitements avant même l'explosion de troubles caractéristiques pourrait prévenir la maladie. Ainsi, chez des sujets vulnérables ou considérés à haut risque, chez des adolescents ou adultes jeunes présentant, avant même des symptômes vrais de schizophrénie, des symptômes fins, dits prodromiques, faisant craindre la venue du trouble, des interventions thérapeutiques sont envisagées.

En découvrant ces voies de recherche, le père de Paul s'était immédiatement demandé si cette démarche était applicable à son second fils qui, depuis quelques mois, n'allait pas bien.

Je suis convaincu qu'annoncer un diagnostic est un temps nécessaire, mais il est primordial de faire prendre conscience à celui qui va mal, qui sans rien comprendre, ressent un curieux mal-être qui le rend de plus en plus différent, que ce qui le perturbe et envahit sa vie est connu des médecins, peut se soigner et dans certains cas se guérir. Il est difficile aux patients de verbaliser l'expérience qui est la leur, puisque cette maladie provoque justement une impossibilité à la penser. Ils l'éprouvent directement, sans pouvoir expliquer quoi que ce soit. Il sera temps, un peu plus tard, progressivement, de parler de schizophrénie. C'est ce que j'avais voulu, sans doute maladroitement, faire partager à ces familles lors de cette conférence : « Votre fils, votre fille a droit bien sûr à la vérité du diagnostic, mais une étape préalable est nécessaire : celle de la prise de conscience d'un dysfonctionnement. »

Albert Camus écrit que mal nommer les choses c'est ajouter du malheur au monde et le monde en a déjà son lot. Les nommer trop vite, alors que le patient ne peut rien en faire, ne peut avoir qu'un effet délétère. Il est juste d'être agressif avec les maladies mentales, il est nécessaire d'être doux dans l'approche des malades et également des diagnostics. Entre attendre dix ans, trois ou quatre épisodes aigus pour porter un diagnostic de schizophrénie et en faire une sorte de diagnostic de présomption, comme le dit justement le docteur André Galinowski, il y a la place du bon sens. Du bon sens, je sentais qu'il allait m'en falloir au cours de cet entretien.

Une épée de Damoclès

Ce père de famille intelligent, lucide, informé, déterminé, pragmatique, se doute-t-il que les questions qu'il m'adresse et qu'il vient partager sont au cœur même de nos recherches et de nos incertitudes ? Il y a près d'un siècle, Eugen Bleuler, l'inventeur du mot « schizophrénie », écrivait déjà : « Nous ne connaissons pas encore de véritable prophylaxie de cette maladie. »

Bien que celui qui me consulte aujourd'hui ne soit pas le malade, j'ouvre un dossier à son nom. Vincent P. est ingénieur, ancien élève des Arts et Métiers, marié, père de trois enfants. Il n'a personnellement jamais eu de problème psychiatrique.

Son fils aîné, vingt-neuf ans, est atteint de schizophrénie. L'annonce leur en a été faite, il y a quatre ans, par l'équipe hospitalière qui soignait Pierre, alors hospitalisé pour la troisième fois. Pierre depuis est stabilisé, il a accepté « sa maladie », prend régulièrement un traitement qui respecte sa concentration intellectuelle, ne le fait pas trop grossir et lui convient. Le récit se poursuit. Les cinq premières années de ce qui allait devenir la « Maladie » avaient été très éprouvantes. Pour Pierre, dont les épisodes délirants bouleversaient la vie et qui, à deux reprises, avait dû être hospitalisé en urgence. Pour les parents, qui assistaient incrédules, impuissants, à la destruction progressive d'un garçon qui, jusqu'à l'âge de quinze ans, avait été un enfant modèle.

Au sujet de Paul, le second, le père me décrit un mélange de sensations très subjectives. Le week-end, à la maison, il est bizarre, froid, pas comme avant. Il ne fait attention à rien, oublie la moindre chose que sa mère lui demande. Au cours du déjeuner dominical traditionnel, il tient des propos provocants. « Nous sommes catholiques, plus très pratiquants, mais les trois enfants ont eu une éducation religieuse. Paul prétend que le fondamentalisme religieux est plus destructeur que toutes les armes militaires de destruction et que l'apocalypse résultera d'une lutte finale entre fondamentalistes opposés. »

M. P. me parle de ses parents et beaux-parents,

d'une tante maternelle maniacodépressive, de la naissance des trois enfants, des liens très forts qu'il a avec ses fils, de sa propre anxiété qu'il juge normale, de la position prise par sa femme, en léger retrait par rapport à tout cela.

La situation est atypique, pose des problèmes tactiques et éthiques. L'anxiété de ce père doit-elle pour autant peser sur ce fils qui, pour l'instant, ne semble pas malade même si, de l'avis de son père, « il ne va pas bien » ? Une grande prudence s'impose. Je finis par lui proposer de les recevoir tous les deux : « Si par chance je peux être utile, c'est en présence de votre fils, il faut que je vous reçoive ensemble ; prévoyons un assez long rendez-vous, un dimanche matin, nous serons tranquilles, je ne serai pas dérangé. »

Dimanche matin, deux semaines plus tard. Trois personnes attendent sur le trottoir, le père et les deux fils sont déjà là. Il n'était pas prévu que Pierre participe au rendez-vous.

Je salue M. P., me présente à Pierre et à Paul. Nous montons tous les quatre. Mon bureau est frais, il est dix heures, nous décidons de nous donner une bonne heure pour confronter nos données, nos espoirs, nos craintes, nos idées reçues.

Je remercie les deux frères d'être venus, je résume l'entretien que j'ai déjà eu avec leur père, j'explique comment est venue l'idée de cette rencontre et, immédiatement, je fais savoir à Paul qu'il est le seul évidemment à pouvoir décider, après notre rendez-vous, ce qui sera bon pour lui.

Pour une prise de conscience et une approche fine des risques éventuels

Deux approches sont possibles. J'ai le choix d'entrer dans l'exploration de la symptomatologie en interrogeant à la fois Paul et son père ou de commencer par planter le décor clinique, au risque d'être un peu trop pédagogique. La seconde approche s'impose sans que je sache pourquoi, peut-être parce que je sens qu'il faut prendre du temps.

Je dispose entre nous une grande feuille blanche de papier bristol et je leur suggère, bien sûr, de m'interrompre à tout moment dans mes explications.

« Paul, votre père, pour de bonnes ou de mauvaises raisons, nous y reviendrons, craint que vous ne présentiez un risque important de tomber malade, comme votre frère est tombé malade voici cinq ans. Nous sommes réunis pour voir avec vous ce que vous pensez vous-même de cette crainte. Êtes-vous inquiet ? Croyez-vous utile que nous nous posions ces questions (pour prévenir un risque, il est vrai très incertain) ? Sommes-nous trop alarmistes ? Trop anxieux ? Partagez-vous sans le dire vraiment l'inquiétude de votre père ? Après tout, poser explicitement le problème est peut-être moins angoissant. »

Paul, qui me regarde attentivement, hoche la tête, acquiesce discrètement, accepte la démarche. Il a compris que nous respecterons sa position et que rien ne lui sera imposé. Je peux commencer.

– Les troubles dont nous allons parler appartiennent à ce que nous appelons le spectre de la schizophrénie et concernent des tableaux cliniques très différents les uns des autres. Pierre, vous êtes, je crois, traité pour une forme de schizophrénie, vos médecins vous l'ont dit et vous allez, si j'ai bien compris, plutôt bien depuis trois ans.

– Oui, oui. C'est vrai, je ne suis plus retourné à l'hôpital et j'ai un job.

– Paul, votre père trouve que vous n'allez pas bien, il a peur que vous soyez porteur du même trouble que votre frère, et nous sommes là pour voir ensemble ce que vous en pensez.

– Oui, mon père pense ça, moi non. Je suis ici parce qu'il me l'a demandé, un peu par curiosité aussi, et puis la venue de mon frère m'a décidé, parce que nous n'avons jamais pu vraiment parler de sa maladie à lui.

Je sens qu'il me faut recentrer la rencontre.

– Paul, nous ne sommes pas là pour parler de la maladie de votre frère, il est soigné, il a son psychiatre, mais puisqu'il a eu la gentillesse de venir, il peut intervenir quand il veut si son expérience permet de préciser des points.

J'explique alors en dessinant simultanément sur la grande feuille bristol les idées qu'ont les psychiatres du développement progressif des troubles qui nous occupent. L'existence avant le déclenchement du premier épisode psychotique, souvent entre quinze et vingt-cinq ans, de deux phases préalables, l'une dite prémorbide, l'autre dite prodromique.

La phase prémorbide serait asymptomatique, c'est-à-dire sans symptômes apparents, mais il existerait déjà des marqueurs de vulnérabilité que l'on pourrait déceler à travers des tests cognitifs très pointus. Il serait donc possible d'identifier des facteurs prédictifs de risques d'évolution psychotique.

La phase prodromique, qui semble durer quelques mois, précède l'épisode aigu. Elle est marquée de signes qui le plus souvent passent inaperçus pour l'entourage et que l'intéressé perçoit sans pouvoir bien les expliquer, sans pouvoir bien les communiquer en tout cas. Si c'est au cours de cette phase prodromique, avant que n'explose le vrai trouble, que se creuse, s'aggrave, la fragilisation cognitive, c'est à ce moment-là qu'il faut peut-être agir. Si des évaluations concordantes permettent de déclarer qu'un sujet est à haut risque de devenir psychotique ou schizophrène, c'est immédiatement qu'il faut initier un traitement.

Je termine en ajoutant qu'il existe probablement des sous-types génétiques favorisant des formes précoces et des formes tardives de schizophrénie. Sans doute, également, des formes familiales et des formes plus sporadiques.

« Paul, j'aimerais que vous me parliez un peu de vous »

Paul écoute attentivement et je demande de pouvoir m'entretenir un moment en tête-à-tête avec lui. Son père et son frère vont bavarder dans la salle d'attente.

« Paul, j'aimerais que vous me parliez un peu de vous. Comme ça, de façon informelle. Je vous poserai ensuite des questions plus précises. »

Paul est entré en septembre dans une prépa maths sup. Ses résultats sont moyens, voire médiocres pour le second trimestre. Je lui fais préciser son mode de vie et il avoue passer, avec un copain et deux filles, un week-end sur deux à Amsterdam où il ne travaille guère les intégrales. Si des sinusoïdes apparaissent, c'est au bout des cigarettes achetées dans les *coffee shops* où le petit groupe se retrouve.

En cours, bien que l'attention et la concentration soient moyennes, il semble que les performances intellectuelles restent correctes. Mais pour un garçon qui espère intégrer une grande école dans quelques mois, c'est juste, très juste. Il convient que, depuis la rentrée, son humeur est fluctuante. Il attribue cela au contexte du bahut, à l'internat qu'il a choisi, à l'ambiance un peu particulière de cette prépa où chacun est a priori très brillant et très isolé des autres. Il reconnaît quelques bizarreries, pas méchantes, faites pour provoquer. Il a décidé de vivre en bermuda ; aux bermudas d'automne ont succédé deux bermudas d'hiver en tissu écossais... En réalité il s'ennuie, je pense qu'il s'ennuie plus tristement qu'il ne croit, à bas bruit. Lorsque je le ramène sur le sujet d'Amsterdam, il sourit, avec l'air las de celui qui va devoir égréner les poncifs, les bicyclettes, les filles dans les vitrines, les homos, les drogues. Je lui demande qui, cette année, a gagné la Cannabis Cup, si les variétés et les goûts ont évolué, s'il lit *High Time Magazine*, s'il a déjà croisé Steven Hager, qui en est le fondateur. Il est étonné, rit franchement, ne me pose pas de questions sur l'origine de mes connaissances, mais confirme avoir souvent discuté avec Steven Hager qu'un copain hollandais lui a présenté. Ils ont sympathisé, ils ont parlé ensemble de la question des fondamentalistes religieux qui menacent la paix du monde... Le ton est clair, la pensée précise, la participation à l'entretien excellente. Il m'explique que son frère Pierre lui a fortement déconseillé les drogues. Les infirmiers qui le soignent lui ont expliqué le rôle néfaste du haschich, des amphétamines, de la cocaïne sur les récepteurs qui, chez lui, sont fragiles.

Mon impression clinique subjective se précise. Je crois Paul plus déprimé qu'il ne le dit, moins performant, moins sensible aux plaisirs simples, mal adapté à son nouveau cadre de vie et à sa nouvelle identité.

Diagnostiquer la schizophrénie à ses débuts est difficile. Certains questionnaires, comme celui utilisé en recherche par l'Australien Mac Goory, visent à identifier des items précis de dysfonctionnement. Dans un entretien clinique simple, le médecin cherche à percevoir, dans la mélodie des idées de celui qu'il écoute, une sorte de fêlure.

L'humain, pour produire sa pensée, utilise à la source un système très simplifié traitant les informations sur un mode binaire. Des processus extrêmement complexes, objets de recherche des sciences dites cognitives, transforment cette matière première binaire en produits finis complexes qui caractérisent la vie psychique. Le cerveau, support biologique du processus, permet qu'une certaine harmonie règne entre les divers instruments de vie : les associations entre pensées fonctionnent de façon fluide, naturelle.

Dans la schizophrénie débutante, ce système cognitif devient précocement dysfonctionnel. Une fêlure, une discordance plus ou moins marquée, affecte la production des pensées et donc la communication avec l'environnement. Initialement la fêlure est subtile, difficilement appréciable au cours d'un simple entretien clinique. Certains tests neurocognitifs utilisés en recherche tentent aujourd'hui, on l'a vu, d'identifier les marqueurs précoces de cette vulnérabilité. Des outils de mesure sont en cours de validation.

Parallèlement, des équipes de recherche en imagerie cérébrale utilisent, à titre expérimental, la tomographie par émissions de positons, une technique qui consiste à injecter une substance radioactive, à recueillir les rayonnements par un capteur externe, ce qui permet de reconstituer par ordinateur une image en coupe de l'organe et d'identifier, le cas échéant, des zones cérébrales concernées par ces anomalies fonctionnelles. Il existerait des zones où s'exprimeraient préférentiellement ces troubles de la cognition. Je m'empresse de rappeler que tout ça n'en est qu'au stade de la recherche.

« Docteur, s'il y avait un vaccin, je lui ferais faire à l'instant »

Je ne pensais pas raisonnable, vu le contexte et le contenu de notre entretien, d'engager Paul dans une direction radicale.

Sa pensée fluide, logique, ne se bloque pas, ne déraille pas. Il est attentif, cohérent, à l'aise avec l'abstraction. Les bizarreries qui inquiètent son père sont d'un autre ordre. On a le droit d'avoir un frère aîné schizophrène et d'être, en cours d'adolescence, un peu, voire très provocant. Je propose à Paul de lui dire l'état de mes réflexions et de lui demander s'il souhaite que son père et son frère viennent nous rejoindre. Son oui est direct, sans hésitation.

M. P. semble rassuré, partiellement rassuré. « Je vous remercie de votre aide et je vous fais totalement confiance ; mais si nous avions encore quelques minutes, laissez-moi vous poser une dernière question. J'ai lu que certaines équipes de psychiatrie traitaient par des médicaments des patients fragiles avant même qu'ils ne tombent malades. Vous me dites que mon fils Paul va bien, je vous crois. Mais comment être certain, objectivement, que rien n'est en train, à bas bruit, de s'abîmer ? Vous comprenez ma position, docteur, s'il y avait un vaccin, je lui ferais faire à l'instant ! »

Paul regarde, surpris, le visage de son père. L'émotion n'est même plus contenue, les pleurs apparaissent.

Cet homme est incroyablement inquiet, touchant dans sa démarche.

Le temps passe, je reprends le dessin sur la grande feuille blanche : phase prémorbide, phase prodromique. « C'est vrai, des travaux de recherche tentent d'identifier, chez des sujets dits à risque, des anomalies qui seraient ou ne seraient pas prédictives d'évolution vers des troubles mentaux ultérieurs. Ces données ne sont aujourd'hui utilisables qu'en recherche. Elles n'ont aucune valeur de prédiction dans des cas individuels.

Pour le second aspect, le traitement précoce des troubles prodromiques, la situation est à peine plus avancée. Sur une douzaine d'études mondiales disponibles, quatre seulement s'appuient sur des méthodologies sérieuses.

Je vais vous poster l'article qu'un de mes amis, le professeur Philippe Gorwsood, vient d'écrire et qui résume bien les limites de notre savoir actuel. Les psychiatres du monde entier souhaitent, par tous les moyens raisonnables, mieux traiter cette maladie. Mais énormément de précautions doivent être prises.

Aucune des études actuelles n'a permis d'évaluer ce que serait l'impact au long cours de tels médicaments sur le développement de la personne. Aucune étude n'a pu mesurer des fonctions psychiques qui seraient réellement protégées. Il est permis d'espérer qu'à terme, certaines molécules dites aujourd'hui antipsychotiques démontrent une efficacité sur certains aspects cognitifs : attention, mémoire de travail, fonctions exécutives. Ce n'est encore qu'un espoir.

Aucune étude n'a permis de définir précisément les paramètres qui permettraient de prévoir l'évolution d'un sujet vers une forme de schizophrénie ou vers d'autres formes de troubles mentaux.

Les psychiatres se posent énormément de questions sur les facteurs communs de vulnérabilité entre schizophrénie et troubles bipolaires. Une chose est certaine s'il existe une réelle vulnérabilité, une fragilité psychique importante : il est important de développer toutes les approches humaines, sociales, de soutien qui peuvent contribuer à aider au développement et à la socialisation.

Il est sain d'informer des sujets à risque qu'une attention particulière permet une détection précoce des troubles psychiques et une meilleure prise en charge. Il serait dangereux, par une attitude surprévisionniste ou trop déterministe, de faire croire à des familles que nous disposons pour leurs enfants d'informations scientifiques qui, aujourd'hui, ne sont pas démontrées. Quant aux familles, elles doivent, autant que possible, ne pas faire peser sur un enfant le poids de leur angoisse.

Si Paul était mon fils, je lui conseillerais de réduire très largement sa consommation de haschich et d'aller tranquillement à la rencontre de son propre avenir. »

6

« My dear Malika »

De la timidité à la phobie sociale

> « De quel côté sortir ? D'où vient que je frissonne ? »
>
> Racine

De passage à Paris, Malika finissait des études à Boston. De plus en plus souvent de jeunes adultes partagent leur vie entre la France et nos voisins étrangers. Les systèmes de soins, les stratégies de traitement, les indications légales des médicaments diffèrent. Il faut s'adapter, à cela comme au reste, avoir un œil hors de l'Hexagone pour n'être pas trop surpris par des attitudes souvent atypiques.

Malika venait me consulter à la demande de sa famille. Dans une revue féminine américaine, elle avait lu un article consacré à la timidité, avait rempli un mini-questionnaire et une « échelle de handicap ». Les résultats lui avaient fait découvrir qu'elle n'était pas timide, comme elle l'avait toujours cru, mais atteinte de « phobie sociale ». Un numéro vert était proposé, elle avait téléphoné et avait reçu une lettre signée du président américain du laboratoire GSK, accompagnée d'une documentation de quinze pages consacrée aux phobies sociales. Une information était jointe concernant cet antidépresseur couramment prescrit à des patients souffrant de tels troubles.

Peur de tout, peur de tous...

Malika, en lisant la brochure du laboratoire, avait cru que le texte avait été écrit pour elle. Tout y était : l'appréhension, dès la classe de 6e, des interrogations orales ; l'angoisse, chaque année à la rentrée, lorsqu'il fallait se présenter publiquement ; la terreur, à l'intronisation dans son école de commerce, quand elle avait dû faire un discours ; la gêne, en arrivant à Boston, quand l'étudiante qui partageait sa chambre avait commencé à l'interroger sur sa vie, ses goûts, sa famille. Cette révélation d'elle-même lui avait été insupportable. Malika était convaincue que sa vie ne présentait aucun intérêt. La *roommate* fumait deux paquets par jour, s'endormait tard. Malika avait été incapable de s'opposer à elle et de négocier, son amie n'avait rien compris à cette mise à distance inexpliquée. En cours Malika arrivait en avance, la première si possible pour n'être pas observée, « jaugée ». Mais cette stratégie ne pouvait être reproduite partout. En entrant à la bibliothèque, elle savait qu'elle serait observée, qu'à la cafétéria on voudrait lui parler.

Cet article, c'était bien elle, les battements de cœur avec cette sensation de chaleur intense, les tremblements, et cette honte, cette honte mêlée à l'angoisse, cette humiliation d'être à ce point « timide ».

À l'issue de cette édifiante lecture, Malika avait pris contact, comme cela était conseillé, avec le psychologue de l'école américaine où elle effectuait sa deuxième année d'étude de commerce. Celui-ci l'avait longuement interrogée, lui avait fait préciser ce qu'il appelait ses « modes de pensée ». Cette peur omniprésente d'être jugée dans toute situation : en faisant ses courses, en allant chez le coiffeur. Cette tendance à interpréter les signes amicaux des interlocuteurs comme de la commisération. Cette concentration sur elle-même, sur ses sensations et ses comportements, qui l'empêche d'écouter ce que les autres lui disent. À l'issue de l'entretien, le psychologue avait donné à Malika l'adresse d'un psychiatre de Boston.

Le rendez-vous chez le psychiatre n'avait fait que préciser le diagnostic. Le spécialiste avait insisté beaucoup sur l'évaluation des conduites d'évitement. Car, au-delà de cette souffrance et de cette honte intime, le plus handicapant était là : faire le moins de courses possible, faire livrer, sécher les cours ; ne plus accepter de soirées ou de dîners au cours desquels les amis vous regardent manger ; lire dans le métro, dans les autobus pour ne pas croiser un regard scrutateur.

À la suite de ce bilan, le psychiatre avait prescrit de la paroxétine et conseillé une thérapie cognitivo-comportementale. Ce type de thérapie consiste à mettre progressivement, de manière répétitive et dans un cadre thérapeutique précis, le patient devant la situation qui déclenche ses symptômes et ainsi l'amener à contrôler son anxiété. Cela demande, de la part du malade, beaucoup d'efforts et de temps. Malika a choisi dans un premier temps de prendre ce médicament, qui lui réussit plutôt bien.

Phobies simples, phobie sociale : les comportements d'évitement

Le récit de Malika était quasi exhaustif : les situations qui la faisaient souffrir, les symptômes qui l'envahissaient en situation sociale, les manifestations émotionnelles de peur et de honte, les mécanismes psychologiques, les comportements d'évitement permettaient sans le moindre doute de poser le diagnostic d'un trouble que, depuis Liebowitz, on désigne sous le nom de phobie sociale.

Certaines phobies sont limitées à des situations précises : manger ou boire en public (il est alors difficile de déjeuner à la cantine, de dîner avec des inconnus), écrire en public (signer un chèque peut devenir impossible), prendre publiquement la parole (ce qui ressemble au simple trac). De telles phobies, comme le trac, disparaissent lorsque l'action démarre et que le rideau se lève. Ce n'est pas le cas pour la phobie sociale qui dure et persiste même dans l'action.

Le psychiatre de Malika avait insisté pour évaluer

les conduites d'évitement. Certains patients ont tellement hypertrophié leurs stratégies d'évitement que vivre seul devient une seconde nature : on parle alors du développement d'une « personnalité évitante ».

J'allais devoir reprendre l'histoire pour préciser ce point. Le timide redoute la situation, mais pense qu'il va tout de même s'en sortir. Le phobique est au contraire convaincu qu'il ne va pas réussir et sera ridicule. Lorsqu'il s'agit d'anxiété sociale, l'intensité du trouble et l'importance du handicap doivent être précisées. On n'aborde pas de la même façon une simple timidité (plus d'un adulte sur deux se dit timide), une anxiété sociale gênante mais relativement bien tolérée (5 à 10 % des adultes semblent plus ou moins gênés dans leur vie sociale lorsqu'ils doivent parler en public, prendre la parole, danser) et une affection grave en raison des conséquences handicapantes qu'elle produit. Les conduites d'évitement, lorsqu'elles s'aggravent, provoquent un isolement progressif des patients, souvent des difficultés professionnelles. Ces patients gravement atteints ont une très forte tendance à se déprimer ou à s'alcooliser pour vaincre leur angoisse. Le poids de la dépression aggrave considérablement le pronostic évolutif des phobies sociales sévères. Certains finissent par se suicider.

Le trouble se révèle souvent au moment de l'adolescence, mais il peut se présenter plus rapidement vers cinq-six ans. Timidité et inhibition sont fréquentes chez les enfants. Non traité, le trouble évolue sur la vie entière avec des fluctuations liées aux circonstances de la vie.

À l'Agence du médicament, j'avais eu, quelques semaines plus tôt, une longue séance de discussion au sujet du traitement médicamenteux de ces troubles. Dans plusieurs pays, les médecins ont le droit de traiter par des antidépresseurs précis les phobiques sociaux. En France, un premier laboratoire venait de se risquer à demander pour un médicament l'indication « traitement de la phobie sociale généralisée entraînant un handicap sévère pour le patient » ; les mots étaient pesés : il était à base de paroxétine. Les discussions avaient été longues, mais au final, cet antidépresseur avait été reconnu utile dans cette indication. Depuis d'autres médicaments ont également été autorisés.

J'étais donc tranquille et « psychiatriquement correct ». En fait, au cours de cette consultation, quatre questions principales m'étaient posées : le diagnostic avait-il été correctement porté ? Le traitement avait-il été adapté ? Si oui, fallait-il le poursuivre ? Si non, par quoi le remplacer ?

À la recherche du traitement le mieux adapté

Un premier indice me paraissait, dans la situation de Malika, extrêmement positif. Les patients atteints de phobie sociale ont la plus grande difficulté à consulter spontanément pour leurs troubles. Malika l'avait fait. Par une voie particulière, certes, mais elle l'avait tenté et réussi, ce qui constituait un élément favorable. L'accès aux soins de cette jeune fille s'était déroulé selon des modalités étonnantes pour notre culture française. Les Nord-Américains ont beaucoup développé les programmes d'autodiagnostic, d'auto-prise en charge. Un réel transfert de compétences est en cours dans plusieurs domaines de la santé, dont celui des problèmes psychiques, ce qui n'est évidemment pas sans conséquences. Aux États-Unis, les rapports de l'industrie pharmaceutique avec les consommateurs se font par voie de presse, de télévision et de courriers... La lettre reçue par Malika, signée par le président américain de la firme, n'avait donc rien d'exceptionnel, cela faisait partie des routines commerciales outre-Atlantique.

Cet envoi avait porté ses fruits puisque Malika, en se reconnaissant dans le profil des personnes atteintes de phobie sociale, avait compris que le petit enfer qu'elle vivait depuis des années portait un nom, concernait entre 2 et 5 % de la population des États-Unis, était donc avouable et pouvait se soigner.

Second constat, le psychiatre américain consulté à Boston n'avait pas « biologisé » à l'excès la prise en charge. En proposant d'emblée une double approche médicamenteuse et psychothérapique, il avait visé un soulagement immédiat en prescrivant un traitement efficace dans cette forme particulière d'anxiété, et proposé de l'associer à un traitement à moyen et long terme : la psychothérapie.

Certains collègues, et non des moindres, considèrent qu'il est anormal de traiter par des médicaments un trouble qui pour l'essentiel est d'origine psychologique. Je comprends cette position de principe. Mais ont-ils eu personnellement l'occasion de prendre en charge des patients aussi sévèrement atteints ? Sur quelle base autre qu'idéologique se fondent-ils pour priver des malades, très handicapés par leur trouble, d'un traitement rapidement efficace et plutôt bien toléré ? Enfin, comment peuvent-ils affirmer qu'une phase initiale de chimiothérapie ne constitue pas pour beaucoup de patients un passage nécessaire sinon obligé ? Pour ceux-là, l'amélioration obtenue par le traitement, la réduction du handicap dans les domaines de la vie familiale, sociale et professionnelle apportent un réel soulagement. La diminution des attitudes d'évitement rend alors possible, et seulement à ce moment-là, l'accès aux techniques psychothérapiques.

Si l'on veut être réaliste, honnête intellectuellement, il y a peu de chances qu'un phobique social gravement atteint puisse directement engager une démarche psychothérapique.

Au plan théorique tout se discute, et cela d'autant plus que les mécanismes d'action des molécules actives sont mal élucidés. La plupart des médicaments ayant démontré une réelle efficacité dans le traitement des phobies sociales appartiennent à la classe des antidépresseurs. Est-ce par leur action antidépressive qu'ils soulagent les phobiques sociaux ? Non. Les études qui démontrent leur efficacité excluent de leur recrutement tout patient qui serait à la fois phobique social et simultanément déprimé ou alcoolique.

L'explication la plus plausible, pour ces médicaments est qu'ils agissent en inhibant la recapture d'un neurotransmetteur particulier : la sérotonine, et qu'ainsi une action protectrice des émotions se met en place. Un certain nombre d'« informations » génératrices d'angoisse sont probablement mieux filtrées chez ces patients qui, en cas d'exposition sociale, n'en filtrent aucune et sont littéralement envahis. Ces médicaments réduisent l'accès d'informations stressantes à certaines zones du cerveau. Cette protection n'est ni nécessaire ni justifiée chez le sujet normal, simplement timide ou faiblement phobique. Elle le devient lorsque l'intensité du dysfonctionnement anéantit la vie sociale, provoque des complications dépressives ou d'alcoolisation, expose à des risques suicidaires, empêche l'accès aux psychothérapies.

C'est sur des populations de patients hypersélectionnés que sont jugés les médicaments dans les études de validation. Dans ces études, les patients doivent répondent à des critères diagnostiques précis, notamment ils doivent avoir des scores minimaux d'intensité symptomatique. Ainsi, l'échelle de Liebowitz (*Liebowitz social anxiety scale*) regroupe vingt-quatre questions portant sur diverses situations de la vie quotidienne : téléphoner en public, parler devant un groupe de personnes, participer à des activités collectives, etc. Pour chaque situation, le patient doit dire s'il n'éprouve pas, peu ou beaucoup d'anxiété et s'il cherche à éviter la situation. Des notes sont attribuées à chaque réponse. Les patients sont en général sélectionnés pour l'étude lorsqu'ils ont un score défini, afin d'obtenir des résultats pertinents. Une seconde échelle, celle de Sheehan, permet d'évaluer l'importance du handicap.

Les études sont multicentriques, conduites dans des villes et des pays différents. La molécule candidate est comparée soit au placebo, soit à un médicament ayant déjà fait ses preuves dans ces indications.

La méthode est bien entendue en double aveugle, ce qui signifie que ni les médecins ni les patients ne connaissent la nature du traitement prescrit (molécule étudiée, placebo, médicaments de référence). La durée des études varie de trois mois pour une étude court terme à six mois pour une étude dite long terme. L'effet placebo étant important même chez des patients gravement atteints, des différences significatives doivent être obtenues entre molécules actives et placebo.

Les effets positifs à trois et six mois des antidépresseurs chez les patients souffrant de phobies sociales sévères ne sont pas discutables. Le médicament prescrit à Malika avait été parfaitement choisi. Il existe un seuil à partir duquel le traitement médicamenteux agit et se justifie. Il est nécessaire bien entendu, pour peser le bénéfice-risque d'une telle prescription, de bien connaître la réalité clinique du trouble dans ses divers niveaux de gravité, de connaître les indications précises des molécules concernées, la conduite des traitements, notamment dans la durée.

Un traitement, oui, mais pour combien de temps ?

Pour Malika, un problème se posait. Elle prenait depuis près d'un an ce traitement. C'est parce que des études ont démontré l'effet positif d'un traitement sur une durée de six mois et non pas d'un an, de deux ans ou de dix ans que les autorisations de mise sur le marché stipulent une durée limitée de traitement. Le traitement de Malika n'était déjà plus dans un cadre légal.

Lorsqu'un médecin prend la responsabilité de prescrire un traitement, il agit dans un cadre légal. Toute AMM de médicament définit des indications – et c'est seulement dans le cadre de ces indications qu'un médicament a prouvé son efficacité (en particulier contre un placebo) –, des contre-indications, absolues ou relatives, des posologies qu'il convient en principe de respecter et... des durées de traitement.

L'évaluation bénéfice-risque d'un traitement se fait à court, moyen et long terme. Un médicament psychotrope doit prouver qu'il est efficace en début de traitement, qu'il maintient cet effet favorable dans le temps et que, dans certains cas précis, son utilisation est justifiée sur plusieurs années, voire sur la vie entière. Il doit parallèlement faire la preuve de son innocuité à court, moyen et long terme. Or, aucun médicament utilisé dans le traitement des troubles phobiques sévères n'a fait la preuve, ni du maintien de son action au-delà de six mois ni de son innocuité au long cours. Les traitements ont par ailleurs des effets secondaires gênants, acceptables à court terme lorsque l'on va très mal, moins supportables lorsqu'on va mieux. Beaucoup d'inhibiteurs de recapture de la sérotonine (IRS) gênent par exemple la vie sexuelle. Cette nuisance, limitée chez une personne n'ayant pas de vie amoureuse, sera difficilement acceptée au moment de la constitution d'un couple. Malika n'avait pour l'instant pas de petit ami.

C'est un autre argument qui l'avait poussée à interrompre à deux reprises le traitement. Elle ne supportait pas l'idée d'aller mieux à l'aide de béquilles chimiques. Elle l'avait fait d'elle-même, sans concertation avec son médecin, et elle l'avait fait brutalement. Malika ignorait que ce type de traitement devait être arrêté très progressivement, sur plusieurs semaines. L'arrêt brutal provoque très souvent – ce qui lui était arrivé – ce que les psychiatres appellent des syndromes d'arrêt de traitement, des syndromes de sevrage. L'idée de ne pouvoir interrompre les médicaments avait accru chez elle l'impression d'insécurité. C'est pour cette raison qu'elle s'était décidée à reprendre son traitement.

Bien cachée dans sa tour d'ivoire

Après cette première partie d'entretien très explicative, il fallut revenir à des questions plus personnelles. Les soucis de Malika n'avaient pas commencé à Boston. Depuis l'enfance, elle avait eu l'impression de déranger. Sa mère, âgée de trente-huit ans au moment de sa naissance, ne voulait plus d'enfants. Élevée par des grands-parents autoritaires, elle avait toujours essayé d'être une enfant sage : « Petite, il ne fallait pas qu'on m'entende. » Aujourd'hui encore, elle ne pouvait pas s'expliquer l'isolement de ses grands-parents. La communauté portugaise est soudée, affective, chaleureuse. Ses grands-parents avaient vécu en marge, sans raison connue. Depuis toujours, elle pensait qu'il ne fallait pas qu'on la voie. Sa mère lui avait raconté que toute petite, presque bébé, elle ne supportait pas d'être sortie de son environnement, ou, par exemple, de recevoir une nouvelle poupée en cadeau. Un visage inconnu, une voix inhabituelle la faisaient fondre en larmes. Très tôt, être regardée lui avait semblé dangereux. Elle était allée à l'école tardivement, et se souvenait, lorsqu'elle devait passer au tableau, avoir demandé à sa voisine de classe d'y aller à sa place. « Je m'étais fait mon petit monde, ma tour d'ivoire. »

L'histoire ne datait donc pas d'aujourd'hui, elle était malheureusement assez classique. Un style éducatif rigide dans l'enfance, des modèles familiaux particuliers, des grands-parents repliés sur eux-mêmes, une socialisation tardive et limitée au cours de la petite enfance (pas de fréquentation du jardin d'enfants, des relations difficiles au square). Par chance, en arrivant à l'école, elle avait été bien acceptée, s'était fait quelques amis. Deux ans de suite, deux maîtresses successives l'avaient beaucoup protégée, mise en valeur malgré sa timidité. Ces soutiens l'avaient probablement protégée d'une évolution plus grave encore. Elle avait pu avec difficulté sortir de son petit monde, ce qui n'est pas le cas de tous les phobiques.

Pourquoi n'avait-elle pas commencé la psychothérapie proposée aux États-Unis ? Elle n'en connaissait pas la raison. Le soulagement provoqué par le médicament avait été perceptible en quelques semaines. Elle avait eu le sentiment de souffler. Elle espérait que l'amélioration allait se poursuivre, que petit à petit tout allait continuer de s'arranger. Cela, malheureusement, n'avait pas été totalement vrai. Était-elle disposée aujourd'hui à commencer une thérapie ? Elle repartait pour six mois à Boston, devait ensuite chercher du travail, si possible en France, sinon en Europe. Elle préférait attendre ce retour.

Apprivoiser la peur à long terme : les deux grands types de thérapies

J'ai donc expliqué sommairement à Malika les deux grands types de thérapies envisageables.

Les thérapeutes de formation psychanalytique ne travaillent pas dans une perspective de guérison symptomatique focalisée. C'est par une approche globale, non directive de l'histoire du sujet, de son enfance, de son adolescence, qu'ils retrouvent trace des mécanismes profonds de l'inhibition infantile. N'oublions pas que c'est un psychiatre français, Pierre Janet, qui, s'intéressant aux névroses, essayant de distinguer hystérie et psychasthénie, décrivit le premier dès les années 1900 ces « phobies des situations sociales ». Il était professeur de psychologie expérimentale au Collège de France. Pour les psychanalystes, les phobies sociales constituent un type de troubles relevant comme les autres névroses d'un traitement au long cours. Mais les patients au cours de ce cursus ne reçoivent aucune aide immédiate les aidant à s'adapter à leur réalité. Ils doivent supporter, le temps que le travail psychanalytique produise ses effets, une souffrance de chaque jour. Certains, suffisamment motivés, en sont capables. Beaucoup, découragés par l'absence, à court terme, de résultats symptomatiques, abandonnent. Certains ne s'engagent jamais dans ce type de démarche.

Malika, au cours de notre échange, s'était révélée intriguée par son histoire familiale. Quel secret pesait sur la vie de ses grands-parents ? Pourquoi avaient-ils vécu en marge ? D'où leur venait cette sévérité ? En réalité, elle ne savait rien de leur histoire, bien peu de celle de ses parents, et pas grand-chose de la sienne, elle en prenait conscience. Elle savait que tout venait de là, mais comment remonter aux sources, aux racines du mal ? Comment payer deux fois par semaine des séances non remboursées ? Comment prendre le temps, alors que dans un premier job on exige une disponibilité totale, de libérer au moins deux rendez-vous par semaine ? Elle ferait peut-être un jour ce travail exigeant, qu'elle croyait utile, mais plus tard.

Une psychothérapie cognitivo-comportementale ? La brochure américaine expliquait clairement les principes de cette thérapie. Mais les techniques d'exposition lui faisaient peur, elle redoutait ce qu'elle avait lu de ces programmes : se confronter au plus difficile, se mettre expérimentalement dans les situations qui font le plus peur.

Ces thérapies, en principe, sont extrêmement simples puisqu'il s'agit, en théorie, de s'obliger à faire régulièrement ce qui semble impossible parce que cela fait trop peur. La réalité est plus complexe, l'appréhension de se confronter à ces situations n'est pas bénigne, il s'agit d'une peur dévorante, invalidante et qui va conduire certains patients à passer véritablement à côté de leur vie. L'ennemi ne reculera pas facilement. La victoire n'est obtenue qu'à condition de respecter un certain nombre de règles. Dans le cas contraire, l'exposition peut aggraver le trouble. Il est particulièrement important de pratiquer ce type de thérapie dans un cadre spécialisé, avec de vrais professionnels.

Il convient avant toute chose que le patient soit d'accord, ait totalement compris la difficulté du traitement afin qu'il soit intégralement partie prenante dans le programme d'exposition.

La seconde règle concerne la durée : lorsque l'on confronte un patient à une situation angoissante, il faut que cette confrontation dure assez longtemps pour que l'angoisse ait le temps de diminuer, les expositions à des confrontations trop brèves étant insuffisantes pour être efficaces.

Troisième règle, la répétition. Il est indispensable que le patient s'entraîne quasi quotidiennement à s'exposer à des situations sociales angoissantes : demander son chemin dans la rue, passer des coups de téléphone à une administration, déranger des gens inconnus pour leur demander des renseignements.

Quatrième règle, l'exposition doit être complète et ne doit pas tolérer les évitements subtils. Si un patient doit tous les jours prendre le métro, il doit en plus de cette action ne pas baisser les yeux, accepter de croiser le regard des gens. Pour que l'exposition fonctionne, il faut une confrontation totale.

Il convient enfin de respecter la règle de progressivité : commencer par des situations pas trop angoissantes et progressivement augmenter la difficulté afin d'apprivoiser la peur.

Malika ne souhaitait pas ce type d'approche. Elle imaginait que des discussions, des explications l'aideraient davantage à restructurer ses pensées. Elle avait lu, dans la brochure, des exemples d'intervention qui lui plaisaient bien. On y insistait sur le grand respect porté aux convictions intimes du patient. L'objectif annoncé est de modifier la pensée, de proposer une autre lecture de la réalité, très progressivement, avec patience, sans violence. Le patient doit devenir un propre relais de sa conviction. Elle aimait cette approche douce. Quant aux techniques d'affirmation de soi, en groupe, elle avait du mal à les imaginer. Comment exposer d'emblée à un groupe des difficultés qu'elle avait tant de mal à dire à une seule personne ? Mais après tout, pourquoi pas, c'était un peu un jeu, et tout le monde était logé à la même enseigne. Après une heure trente passée ensemble, au moment où Malika allait partir, j'avais le sentiment d'avoir fait un trop rapide tour d'horizon. Elle repartait dans dix jours. J'avais conseillé la poursuite d'un traitement que j'aurais dû pour des raisons légales normalement interrompre. J'avais autorisé la patiente à perdre encore six mois avant d'entreprendre dans son pays une psychothérapie. J'avais probablement caricaturé les différences entre les approches psychothérapiques. Nous nous étions, Malika et moi, mis d'accord sur une cote mal taillée qui lui permettait de repartir à peu près tranquille. Nous avions assumé le risque, pour l'instant, de faire le deuil de son histoire d'enfance.

En quittant mon bureau – acte manqué ? – elle oublia la lettre du président américain du laboratoire GSK qui commençait par « *My Dear Malika* »... !

7

« Je suis fantasque comme ma grand-mère »

Les contours flous de la maladie bipolaire, ou maniacodépressive

> « Plus on a de mots, plus le monde est grand. »
>
> Daniel Picouly

En quarante ans d'amitié, mon ami Jean-Michel, écrivain, metteur en scène, m'a demandé à quatre reprises de recevoir des personnes de son entourage. Il ne s'est jamais trompé ni sur le bien-fondé de la demande ni sur le degré d'urgence. Les premières fois, je me suis demandé d'où lui venait cette finesse d'analyse diagnostique, cette identification précise de la souffrance psychiatrique dans un milieu professionnel où la vie, sur scène, mais aussi hors de scène, se « joue » toujours un peu plus qu'ailleurs. Un réel, un authentique souci de l'autre ? Une attention particulière ? Sa propre fragilité ? Un peu de tout cela sans doute. Il m'avait téléphoné pour que je reçoive assez vite une comédienne qui, dans deux mois, allait, dans son théâtre, tenir un rôle important dans une œuvre qu'il s'apprêtait à reprendre. Il l'avait déjà fait travailler par le passé et elle lui avait semblé pleine de promesses. Or là, depuis le début des répétitions, elle n'était plus du tout comme avant. Elle était « ailleurs », fermée, à côté d'un rôle qu'elle avait absolument voulu et qu'elle aurait dû normalement parfaitement habiter.

Confiant dans le jugement de mon ami, je reçus la comédienne rapidement. Assise en face de moi, elle semblait décontractée, voire désinvolte. Elle me conta son histoire qui semblait simple en apparence.

Tout ou rien : la vie aux deux extrêmes

Fin août, à la fin d'une tournée dans le sud-ouest de la France, Estelle s'était soudainement sentie bizarre : à la fois excitée, énervée, tendue intérieurement, prête à exploser pour un oui, pour un non et en même temps triste, profondément triste sans explication. La dernière représentation de la tournée s'était donnée à Ramatuelle sous un merveilleux ciel étoilé. Le lendemain, avant de repartir, elle était allée se recueillir sur la tombe de Gérard Philipe, dont sa grand-mère lui avait tant et tant parlé.

Les jours suivants, des idées morbides l'avaient envahie. Le retour décidément se passait mal. Pourtant le « syndrome de la rentrée », depuis quelques années, ne lui était pas étranger. Elle le vivait presque chaque automne : l'impression d'un désenchantement, la fin de l'été et des vacances, le sentiment qu'il y avait trop de choses à faire, ce qui, objectivement, est souvent vrai lors d'une rentrée. Elle se souvenait qu'au lycée, septembre l'affolait déjà, les cahiers, les livres, le nouvel emploi du temps, les professeurs à découvrir et à qui il fallait se présenter.

Juste morose, juste un peu de spleen ? Comme je la pressais, pour mieux identifier son état, de me décrire un peu plus précisément ce qu'elle ressentait, elle me répondit :

– Dans ces cas-là, je me referme sur moi-même comme si j'avais peur de rencontrer les autres. Cela me gêne considérablement en ce moment pour les répétitions. Je suis nouée, cousue. Du coup je dors trop, je mange trop.

– Cet été, vous étiez « euphorique », anormalement bien ?

– Non, cet été j'étais comme je suis, fluctuante dans le temps, versatile, un peu fantasque comme ma grand-mère. Je ressens beaucoup les choses, les joies comme les peines. C'est déconcertant, je peux avoir envie de pleurer le midi et de rire deux heures après. Je tiens de ma grand-mère, c'est vrai. Je réagis beaucoup à ce qui m'entoure.

– Des périodes euphoriques ?

– Oui, cela m'arrive. Vous savez, dans ce métier, c'est tout bien ou tout mal. Ou l'on n'a pas de travail, ou tout arrive en même temps. L'année dernière je jouais le soir dans un théâtre, près d'ici d'ailleurs, je répétais l'après-midi une autre pièce et le matin je tournais dans un téléfilm. J'étais bien, créative, enthousiaste, je ne ressentais pas la fatigue. Dans ces périodes, je ressens une sorte d'amour universel pour les gens, dommage que ce ne soit pas toujours comme ça.

Je comprenais parfaitement, en écoutant Estelle, pourquoi Jean-Michel m'avait demandé de recevoir cette jeune comédienne. La vie d'un de nos amis communs avait été, pendant une dizaine d'années, totalement bouleversée par une alternance de dépressions et de phases d'extravagance qui l'avaient fait hospitaliser deux fois. Son couple avait tenu par miracle et seul un immense talent avait sauvé sa carrière professionnelle. Pour lui, le diagnostic de maladie maniacodépressive avait été posé avec beaucoup de retard et les bons traitements n'avaient pas été rapidement mis en route.

De la difficulté à poser un diagnostic fiable

Aujourd'hui on ne parle plus de psychose ni de maladie maniacodépressive mais de troubles bipolaires.

Le trouble bipolaire débute généralement entre quinze et vingt-cinq ans (avant vingt ans dans 20 % des cas). Il est difficilement identifié au cours de ses premières manifestations car les symptômes en sont alors atténués ou trompeurs. Des symptômes larvés de dépression, des comportements impulsifs, l'irritabilité, des attitudes d'opposition, des fugues sont volontiers mis sur le compte d'une ou de plusieurs crises d'adolescence. Si des éléments d'agitation, d'hostilité, à plus forte raison de délire apparaissent, le diagnostic de psychose schizophrénique ou de bouffée délirante est alors plus souvent évoqué. Souvent c'est un autre médecin qui, des années après les premiers signes, posera enfin un diagnostic correct et proposera une prophylaxie adaptée.

Ce retard au diagnostic est grave : il est démontré que le pronostic dépend de la précocité de la prise en charge. Des traitements inadaptés, certains antidépresseurs inutilement ou maladroitement prescrits aggravent un pronostic déjà réservé. Si le caractère bipolaire du trouble n'est pas reconnu, les médecins traitent avant tout les épisodes dépressifs. Or, chez ce type de patients, les antidépresseurs ont tendance à agir trop fort et à inverser l'humeur. Le patient qui était « trop bas » devient « trop haut », sans pouvoir se stabiliser dans une phase normale. Les antidépresseurs, mal adaptés à certaines phases, tendent à accélérer les cycles au lieu de les régulariser. Leur action biologique transforme une pathologie évolutive simple en une forme dite à cycle rapide (plus de quatre épisodes pathologiques dans l'année). Parfois, ils désorganisent de façon quasi constante l'humeur qui devient en permanence chaotique.

Les études épidémiologiques soulignent, chez ces patients, la fréquence des conduites excentriques ou à risque, la gravité des phases de désinhibition sexuelle, les possibilités d'escroquerie, de vol au cours des phases maniaques. Jusqu'aux risques suicidaires qui sont multipliés par dix par rapport à la population générale. Un patient sur huit atteint de psychose maniacodépressive meurt par suicide s'il n'est pas soigné.

Estelle, vingt-trois ans, comédienne, commençait-elle comme notre ami commun un trouble bipolaire ? Ce qu'elle décrivait de son humeur, ou plutôt de ses humeurs, pouvait être interprété comme normal. Chacun peut ressentir après une période estivale heureuse, pleine et riche, une angoisse de l'année à venir. Son « syndrome de rentrée » était après tout banal. Je me souvenais de mes premiers remplacements en médecine générale, de toutes ces consultations de rentrée où j'entendais les patients me répéter : « Je suis las, je n'y arriverai pas, je ne devrais pas être fatigué, je reviens de vacances, etc. » L'euphorie quand tout va bien, la joie quand les feux de la vie sont au vert, normal, le succès appelle le succès...

Oui, mais ce mélange inaugural, fin août, d'excitation et d'idées tristes évoque, pour un psychiatre, l'état mixte souvent rencontré chez les patients bipolaires.

Oui, mais ce renfermement à l'automne, cette difficulté à rencontrer les autres étaient un gros « syndrome de rentrée ».

Oui, mais cette augmentation de créativité, cette sensation d'amour universel, cette énergie soudaine qui permet de tout réussir sans ressentir aucune fatigue, au point de ne jamais dormir ou presque, évoquait franchement le versant haut d'une évolution cyclique de l'humeur.

Folie circulaire, hypomanie, cyclothymie, trouble bipolaire : petite histoire d'une maladie mal identifiée

Les frontières de la bipolarité, de ses sous-catégories ou de ses sous-sous-catégories sont incertaines.

C'est en 1854 que deux psychiatres français, J.-P. Falret et J. Baillargé, ont décrit le premier la « folie circulaire », le second la « folie à double forme ». Tous deux avaient compris que les phases de dépression et les phases d'excitation observées chez les mêmes malades étaient, en réalité, les versants successifs d'un trouble unique. Les états aigus étaient véritablement aigus, leur intensité évidente. Trente ans plus tard, un autre psychiatre, Mendel, décrivit et définit des épisodes anormaux d'excitation et d'hyperactivité euphorique mais d'intensité modérée : c'est l'hypomanie, déjà plus discrète dans son expression. Dans le même temps, Kahlbaum s'intéressait non plus à la folie circulaire avec un grand F, mais plus modestement à des troubles mentaux circulaires, succession d'épisodes de dépression légère et d'agitations raisonnables : la cyclothymie était née et les ennuis commencèrent.

Des fluctuations simples de l'humeur existent dans le cours de toute vie normale. Chez certains, l'amplitude ou la régularité de ces fluctuations sont plus marquées, on parle de cyclothymie, mais aucun traitement n'est nécessaire. On aborde la zone des troubles bipolaires lorsque la succession de hauts et de bas fait alterner de vraies périodes pathologiques intenses, dangereuses, plus ou moins proches de la fameuse folie circulaire.

Au cours du XXe siècle, les remaniements classificatoires et conceptuels autour du trouble n'ont jamais cessé. Longtemps la classification dite de Dunner (1976) a permis un repère simple : les bipolaires de type 1 présentaient des dépressions et des épisodes maniaques assez caractérisés pour nécessiter un traitement spécifique (avec ou sans hospitalisation) ; les bipolaires de type 2 étaient hospitalisés pour dépression et traversaient des phases hypomanes ayant troublé la vie familiale, l'entourage, mais sans nécessité de traitement spécifique.

Actuellement, la notion de trouble bipolaire atténué, de spectre bipolaire complexifie largement le problème et concerne une population de plus en plus large. Si 1 % de la population générale est atteinte de troubles bipolaires au sens strict (autant de femmes que d'hommes), 4 à 6 % seraient concernés par le spectre des troubles bipolaires. La différence est considérable. Ces enrichissements ne sont pas inutiles : certaines manies ou hypomanies ne semblent pas spontanées, elles seraient consécutives à la pression biologique exercée par des antidépresseurs sur des sujets préalablement vulnérables. C'est pour ces patients qu'il conviendrait d'être particulièrement prudent avec les antidépresseurs. Certaines formes du trouble n'existeraient que chez des patients ayant un tempérament particulier dit hyperthymique : homme hyperactif, ambitieux, bavard, extraverti, habitué au succès.

Il est difficile, même pour le spécialiste, de se repérer dans un champ clinique aujourd'hui très élargi et subdivisé en nombreuses sous-entités. Le but n'est pas de classer pour classer. L'intérêt de ces travaux est, bien entendu, de tenter de mettre en relation, avec chacune de ces formes, soit une origine particulière ou une explication, soit surtout une stratégie spécifique adaptée de traitement.

Quels sont les sujets à risques ?

En pratique, lorsqu'un médecin identifie un risque, très incertain au début, de bipolarité et non pas de simple cyclicité, une question se pose : celle des antécédents familiaux.

Il existe pour ce type de trouble un rôle indiscutable des facteurs génétiques. Ce qui est transmis n'est pas une maladie, mais une vulnérabilité, une fragilité quant aux régulations de l'humeur. Le mode de transmission est complexe, il existe sans doute plusieurs gènes de prédisposition, ensuite le rôle des facteurs d'environnement est déterminant. Une donnée est certaine : le risque relatif de devenir maniacodépressif est nettement plus élevé pour la famille d'un sujet atteint que pour la population générale. Ce risque est par exemple plus net pour deux jumeaux monozygotes que pour des jumeaux dizygotes. L'analyse des antécédents familiaux apporte donc des arguments indispensables à l'évaluation précoce d'un risque.

Le temps d'évaluation est indispensable mais hélas insuffisant puisqu'on ne sait jamais lesquels des enfants, petits-enfants, arrière-petits-enfants seront éventuellement concernés par la maladie. Ni le père ni la mère d'Estelle n'avaient été suivis en psychiatrie. La grand-mère « fantasque » (groupie de Gérard Philipe) avait été hospitalisée à plusieurs reprises, traitée par lithium et jamais complètement stabilisée (20 à 30 % des bipolaires voient leur état insuffisamment amélioré par les thymorégulateurs [1]). Estelle m'interrogeait du regard : était-elle un sujet à risque ?

Je ne suis pas, comme certains collègues, un expert des troubles bipolaires. Il existe aujourd'hui dans de nombreux hôpitaux des consultations hyperspécialisées pour le diagnostic et le traitement des troubles bipolaires. Mais j'ai, depuis plus de vingt ans, reçu beaucoup de ces patients. Les enfermer précocement dans un diagnostic précis m'a toujours gêné. Initier un traitement qui durera dix ou vingt ans sans certitude absolue de sa nécessité est discutable. Mais attendre qu'une jeune fille désinhibée s'exhibe nue dans une petite ville de province et ait cinq ou six partenaires sexuels dans la semaine ; attendre qu'une autre se défigure dans un accident provoqué par son état d'excitation ; attendre qu'un jeune homme se suicide en plein état mixte n'est pas admissible non plus.

1. Régulateurs biologiques des troubles de l'humeur.

La recherche du moyen terme est difficile. Il existe des guides de décision. Tout médecin responsable les connaît mais ces recommandations évoluent d'année en année. De plus en plus des traitements préventifs sont recommandés : surtout si le trouble s'est déclaré précocement, s'il a été intense et si des suicides ont eu lieu dans la famille.

La grand-mère avait fait des tentatives de suicide, mais s'en était sortie. Estelle, depuis l'adolescence, décrivait des tendances, mais pas de troubles absolument caractérisés.

J'ai le devoir d'informer, pas celui d'imposer. Je ne peux prédire un destin. Mon ambition n'est pas de pronostiquer, mais de prévenir, en écoutant le patient, en lui parlant de son état, un risque évolutif possible. Pour cette jeune fille, ce premier grand rôle, dans quelques semaines, cette générale devant la presse représentait peut-être une étape décisive dans une jeune carrière. Mais l'enjeu était dérisoire face au risque de mort.

Estelle n'avait encore jamais traversé d'épisode maniaque ni majeur (conduisant à l'hospitalisation) ni franc (nécessitant un traitement médicamenteux). Une phase d'hypomanie avait sans doute existé, mais n'avait pas provoqué de problèmes de vie courante, l'entourage l'avait à peine perçue. Au cours de cette période, elle n'avait pas abusé d'alcool, pas pris de drogue, elle s'était juste « un peu beaucoup » amusée, un peu libérée, c'était tout.

Au-delà de ces périodes un peu atypiques, son quotidien me préoccupait davantage. Des ressentis émotionnels intenses, des variations soudaines, rapides, au fil des heures, de l'énergie ou des capacités à réfléchir, des fluctuations inhabituelles dans le lien social, envie de voir des amis puis d'être soudain seul, constituent la labilité émotionnelle. Ce tempérament labile qui persiste durant les phases intercritiques semble extrêmement lié à la bipolarité. Certains se demandent d'ailleurs si ce n'est pas à ce niveau, en régulant heure par heure, au jour le jour, ces micro-tremblements émotionnels que les médicaments thymorégulateurs pourraient prévenir les grands accès. Cette question est fondamentale. Si la fragilité est liée à cette labilité émotionnelle de base, la prévention consisterait à la traiter sans attendre que les cataclysmes surgissent. Des études en cours montreront peut-être dans quelques années la valeur thérapeutique de cette démarche. En attendant beaucoup de spécialistes considèrent que l'association à un seul épisode aigu (maniaque ou dépressif) d'une importante labilité émotionnelle et d'antécédents familiaux de troubles de l'humeur constitue un faisceau convergent d'arguments en faveur d'un traitement biologique précoce.

Ne pas réduire le sujet bipolaire à sa seule maladie

Que dire à cette comédienne ? Lui donner des conseils de vie : ne pas se surmener, dormir régulièrement, éviter les excitants, les drogues ? Oui, bien sûr.

Lui dire qu'elle était probablement comme sa grand-mère porteuse d'une maladie qui, précocement traitée, gênerait peu sa vie et lui parler d'emblée des thymorégulateurs ?

J'ai choisi une autre voie. Je me suis contenté de traiter ce que je considérais comme un épisode dépressif d'intensité légère. Mais je lui ai avoué ma perplexité, mon incertitude et lui ai demandé de s'engager dans le principe de rendez-vous espacés mais réguliers : un par trimestre, pour faire le point, pour mieux évaluer ensemble l'amplitude de ses variations d'humeur, les retentissements sur sa vie.

Le métier de comédien nécessite une grande maîtrise de ses propres émotions. Jouer n'est pas être. Quand Phèdre meurt, il ne faut pas être Phèdre. Le jeu théâtral avec les émotions nécessite une grande rationalité, une mise en construction solide des affects. Le comédien peut et doit être sensible, il ne peut sans dommage être envahi d'une sensibilité pathologique qui le déborde. Sa propre folie ne le sert pas.

Comment, dans les années à venir, Estelle deviendrait-elle capable de discipliner cette émotion ondulante, virevoltante ? Le rôle qui l'attendait était exigeant. Le devenir d'un sujet n'est jamais totalement surdéterminé par un seul facteur de risque ou événement. Le jeu de la vie, du désir, des rencontres, les influences multiples affectives, intellectuelles, matérielles, remanient en permanence les trajectoires. Il apparaît parfois au fil du temps qu'une donnée lourde insiste, se répète, comme la tendance par exemple à ce que l'humeur plus ou moins spontanément s'inverse. Réduire un individu à cette seule variable est réducteur, l'ignorer est dangereux.

Bipolaire ou non, l'avenir d'Estelle était imprévisible. Même la connaissance d'un risque ne permet pas de prédire l'évolution. Le médecin, lorsqu'il est formé à cela, connaît les projections statistiques, les risques relatifs pour des catégories de patients exposés. Son rôle est d'informer avec tact et mesure à partir du moment où le danger se précise, ni trop tôt ni trop tard. Je pensais que la solution de veille attentive proposée à Estelle permettrait que, d'un commun accord, si nécessaire, à un moment donné, nous reparlions de maladie... et de traitement.

Un prescripteur averti en vaut deux

Certains patients sont mis sous thymorégulateurs dès le premier épisode, d'autres au second... Certains n'acceptent qu'au dixième ou jamais.

Une jeune fille est venue me voir il y a plus de vingt ans. Elle en avait dix-huit. Sa mère était dépressive, son père maniacodépressif. Elle pensait avoir fait son autodiagnostic et se vivait bipolaire. Nous avons attendu un an avant de commencer le lithium. Elle avait alors dix-neuf ans, ne voulait en parler à personne, ne voulait pas de feuille de Sécurité sociale pour n'être pas « fichée » : elle ne voulait pas s'inscrire dans la maladie. Elle a aujourd'hui trente-huit ans, trois enfants. Elle est journaliste. Elle traverse deux fois par an des phases où elle se sent « différente ». Je reçois, tous les six mois, ses taux de lithiémie et de TSH. Elle me téléphone de temps en temps. Prendre un thymorégulateur lui a permis, parce qu'elle-même avait soutenu la décision, de ne pas entrer dans le cycle infernal de la maladie.

Un pharmacien de soixante-douze ans a attendu la cinquantaine pour prendre un traitement. Il s'était, entre vingt-cinq et cinquante ans, marié et remarié deux fois, avait été condamné par son Conseil de l'ordre, avait failli se ruiner. Il avait eu un frère schizophrène, craignait d'avoir la même maladie et refusait de voir un psychiatre pour ne pas entrer en « maladie mentale » comme il disait. Il est sous traitement, remarié, heureux et n'a qu'un regret, mais de taille, celui de ne pas avoir commencé plus tôt le traitement.

Le psychiatre et le patient naviguent entre deux erreurs : du sur- et du sous-diagnostic et, par là même, du sur- et du sous-traitement. Si patient et médecin sont d'accord sur la décision, l'observance, clé du succès, a des chances d'être bonne. Cependant, trop de spécialistes considèrent qu'une fois le traitement installé, le problème est réglé. Or, il n'en est rien. Un sujet atteint de troubles bipolaires a, en plus des difficultés liées à son trouble de l'humeur, les mêmes problèmes de vie que tout sujet de son âge. Beaucoup de patients regrettent de n'être reçus, suivis, entendus que sous l'angle de leur bipolarité. C'est ainsi qu'un patient m'a expliqué qu'il avait cessé de voir son médecin : « Il m'avait bien soigné, mais j'en avais assez qu'il s'intéresse plus à ma courbe de lithiémie qu'à ma vie. J'avais d'autres problèmes à régler dont il refusait de s'occuper. »

Je reçois avec bonheur des patients bipolaires traités par ailleurs. Je ne m'occupe pas de leurs médicaments, la difficulté à vivre ne se résume pas à une seule dimension de l'existence. Cela aussi mérite d'être précisé. Leur crainte est réelle qu'un traitement pris au long cours ne modifie la personnalité : « Avec ce traitement, j'ai peur de ne plus me diriger moi-même », se disent-ils.

Le psychiatre doit expliquer que le projet de traitement consiste à intervenir de façon complémentaire sur les déterminants de l'évolution : l'hygiène de vie bien sûr, les médicaments dans certains cas et, bien sûr, le sujet lui-même et tout ce qui est de nature à le déstabiliser.

Le mécanisme d'action des thymorégulateurs n'est pas complètement élucidé. Longtemps le lithium et deux antiépileptiques, la carbamazépine et le valproate de sodium ont eu le monopole des traitements. Depuis peu, de nouveaux antiépileptiques sont utilisés. Leur efficacité absolue n'est sans doute pas supérieure aux médicaments classiques. Leur supériorité, si l'action préventive se confirme, résultera de leur meilleure tolérance par le patient (quant à la vigilance, à la mémoire, à la réduction des interactions gênantes avec d'autres médicaments). Certains antipsychotiques habituellement utilisés dans les psychoses possèdent également des actions régulatrices de l'humeur. Ces divers traitements ont peut-être en commun la capacité de réguler au niveau dit post-synaptique les voies de transmission du signal. Cependant, pour plusieurs d'entre eux, l'efficacité préventive et la sécurité restent à démontrer.

Pour les thymorégulateurs, comme pour tout médicament, le dossier qui permet la demande d'AMM doit apporter la preuve d'une efficacité et d'un maintien significatif dans le temps de celle-ci (par comparaison aux médicaments déjà sur le marché et au placebo). Cette preuve est établie à partir de critères définis à l'avance : critère principal (notamment le temps séparant un épisode de la récidive ultérieure) et critères secondaires. La récidive est parfaitement définie, qu'elle justifie ou non une hospitalisation. La population choisie pour l'étude est sélectionnée selon des critères précis, les effectifs importants : patients bipolaires ayant présenté déjà deux, cinq, voire dix épisodes thymiques en deux, trois ou cinq années. Les niveaux de sévérité sont chiffrés : score de manie compris entre 29 et 37 sur l'échelle de manie de Young, score de dépression entre 25 et 32 sur l'échelle de dépression de Hamilton. Les pourcentages de patients terminant les essais, les causes d'interruption de traitement, les effets secondaires majeurs et minimes sont pris en compte.

Ces plans expérimentaux sophistiqués, couplés à

des traitements statistiques définis à l'avance, impliquent des centaines de patients et permettent aux experts d'évaluer la puissance des résultats pour des patients précis, dans un cadre spécifique d'études contrôlées et pour un temps donné de prescription. Dans un second temps, une fois l'AMM obtenue, il faudra identifier pour chacune des molécules les bons répondeurs (et ceux qui tolèrent le médicament).

Une bonne connaissance de ces études est nécessaire et permet ensuite une adaptation, au cas par cas, des décisions qui, dans la vraie vie, seront souvent moins pures et tranchées que dans ces études. Il suffit de le savoir. Le praticien devra, par exemple, soigner un patient qui sera bipolaire, alcoolique et atteint d'hépatite. Il devra donc vérifier si, dans telle ou telle étude, les sujets ayant fait des tentatives de suicide ont été exclus, et si ceux atteints de schizophrénie, ou d'alcoolisme associé, ou de toxicomanie ont été rejetés. La connaissance de la pharmacocinétique du médicament, de son métabolisme hépatique, de ses voies d'élimination, lui permettra de prendre ou non le risque d'une prescription donnée ou d'en ajuster les doses et de prévenir le patient d'un risque particulier.

Les laboratoires qui commercialisent les diverses molécules se livrent évidemment une compétition sévère, les enjeux économiques sont importants. Les enjeux pour le patient sont d'un autre ordre. Il semble logique pour un jeune sujet à risque, mais n'ayant que des présignes de troubles, de privilégier les conseils psychoéducatifs, les mesures de prudence et dans certains cas les médicaments les mieux tolérés. Si au contraire un épisode aigu, sévère apparaît, associant par exemple troubles de l'humeur et délire, les traitements lourds sont d'emblée justifiés, car il faut absolument empêcher le balancier de l'humeur de se mettre en route.

Il existe, la plupart du temps, une dissymétrie d'information entre médecin et patient. L'important est que le patient dispose, en temps utile, et de manière non dramatisée, d'informations que son médecin l'aide à organiser, à hiérarchiser, à relativiser.

De l'erreur en psychiatrie

Estelle n'est jamais revenue me voir. Mon ami Jean-Michel m'a donné plus tard de ses nouvelles : elle avait été hospitalisée en psychiatrie à la suite d'une tentative de suicide peu sévère. Mes collègues hospitaliers l'avaient bien soignée, mieux convaincu que je n'avais su le faire de protéger son avenir.

J'aurais peut-être dû la mettre d'emblée sous traitement. J'aurais peut-être mieux fait, lorsqu'elle n'était pas venue à notre rendez-vous de février, de lui téléphoner plutôt que de lui écrire. J'avais craint d'être intrusif. Peut-être avais-je été trop explicatif, trop pédagogique ou pas assez. Je n'avais en tout cas pas pu lui éviter le traumatisme d'une hospitalisation aux urgences puis en psychiatrie. Elle n'avait peut-être elle-même pas pu renoncer à rejoindre, dans un imaginaire à risque, cette grand-mère fantasque qui avait connu les hôpitaux.

J'avais à coup sûr raté le fil rouge dont elle m'avait spontanément fait envisager l'importance : « Je suis fantasque comme ma grand-mère. » J'aurais dû peut-être commencer par là, la faire parler de ce lien très investi, de cette filiation particulière. Plus tard, après plusieurs séances, la question du risque et de la prévention aurait été perçue différemment.

Tout patient est a priori contre la prise d'un traitement de longue durée. Une résistance normale l'oppose au prescripteur. Saint Thomas d'Aquin écrivait : « Je ne cherche pas à convaincre mon adversaire, mais à m'unir avec lui dans une vérité plus haute. » Estelle n'était pas mon adversaire, mais je n'avais pu projeter pour elle une vérité à venir moins restrictive que ce qu'elle avait apparemment perçu.

Le dilemme se pose souvent au cours des premiers entretiens : quoi faire ? ou : comment écouter ? Idéalement il faut savoir passer de l'un à l'autre. Entre Estelle et moi cela n'avait pas accroché, pas suffisamment en tout cas. J'avais sans doute trop parlé, pas assez entendu. C'est un reproche que l'on fait souvent aux psychiatres prescripteurs.

8

Laure et l'incertitude

À propos de l'anxiété généralisée

« Incertitudes, ô mes délices
Vous et moi nous nous en allons
Comme s'en vont les écrevisses
À reculons, à reculons. »

Apollinaire

En janvier de cette année-là, j'avais eu le plaisir, au cours d'un congrès, d'animer avec le professeur Jean-Philippe Boulenger une cession consacrée au diagnostic et au traitement d'un trouble que les classifications internationales désignent aujourd'hui sous le terme de trouble anxieux généralisé (TAG).

Le principe de ces rencontres avec un expert est simple : une centaine de psychiatres ont la possibilité, pendant un peu plus d'une heure, de poser au spécialiste d'un domaine de la psychiatrie toutes les questions possibles. L'expert répond à partir des données de la littérature scientifique : c'est la dimension de la « médecine par les preuves » ; il répond également à partir de sa propre expérience clinique et thérapeutique et de son opinion personnelle.

Le professeur Jean-Philippe Boulenger qui dirige, à Montpellier, le service universitaire de psychiatrie adulte est l'un des meilleurs experts mondiaux de la question. Il associe – et le comité scientifique l'avait choisi pour cela – à une profonde connaissance scientifique et académique une très grande expérience personnelle. En 1985 il avait créé, à Caen, la première consultation spécialisée pour le diagnostic et le traitement des troubles anxieux. Au Canada, il avait renouvelé et enrichi l'expérience. Il avait personnellement, en vingt ans, rencontré et suivi des centaines de patients anxieux.

Pour animer le débat et susciter de nombreuses questions de la salle, nous avions retenu ensemble, entre autres, les thèmes suivants :

– L'anxiété généralisée est-elle une maladie ou un trait de personnalité ?

– Existe-t-il des critères discriminants du trouble ?

– Quels sont les facteurs non discutables de vulnérabilité ?

Dans l'exposé initial, le professeur Boulenger avait clairement distingué deux formes d'anxiété : à une anxiété de base, constitutive, définissant la personnalité (« Je suis de nature inquiète, j'ai toujours été comme ça »), il avait opposé un état acquis, nouveau, d'anxiété pathologique, d'anxiété intense grave et persistante.

Lorsque l'anxiété devient pathologique

Cet état d'anxiété intense, acquis, consécutif à des stress, survenait souvent, mais pas exclusivement, chez des personnes anxieuses de nature. Les patients ressentaient alors quelque chose de nouveau, de désagréable, qui s'était un jour mis en marche... et ne s'arrêtait plus.

Après que le trouble anxieux a démarré, le sujet se sent sous tension, sous pression, à cran, ressentant des symptômes physiques, des contractures musculaires, des douleurs. Il dort mal, ne s'endort pas ou se réveille, est irritable, se fatigue vite, reste par ailleurs hyperactif. Parfois, en plus de leur bouche sèche, de leurs paumes moites, les patients décrivent des nausées, des diarrhées, des sursauts, des tremblements. Des inquiétudes excessives et surtout incontrôlables s'emparent de leur pensée. Se raisonner devient impossible car l'angoisse porte sur des situations « possibles », infiniment peu probables objectivement, mais pas absolument impossibles statistiquement : le fils en rentrant de l'école va se faire kidnapper..., le mari aura un accident de voiture... À ces ruminations anxieuses, plus ou moins continues, viennent parfois s'associer des crises aiguës de panique qui compliquent le tableau. Le sujet a alors le sentiment de littéralement devenir fou, de perdre absolument le contrôle de lui-même.

L'origine du trouble est difficile à définir. L'existence de problèmes familiaux ou de séparations durant l'enfance, des abus verbaux, physiques ou sexuels, des prises trop précoces de responsabilité (à la place de parents immatures) semblent favoriser la survenue de ces troubles.

Après l'exposé, le temps de discussion avec la salle avait permis de préciser des points importants : comment évaluer le handicap lié à l'anxiété ? Comment analyser les conséquences de l'anxiété ?

Dans la mesure où le sujet atteint de TAG ne tolère aucune incertitude, il passe sa vie à vérifier qu'il ne s'est pas trompé, ne délègue rien, essaie de tout contrôler. De peur de se tromper, il choisit de tout différer ; mais s'il engage une action, il tombe dans le perfectionnisme et est alors totalement débordé par un excès de charges. À l'évidence ces tableaux sont sans commune mesure avec l'anxiété normale, non pathologique, qui peut gêner, mais n'envahit pas le fonctionnement.

Nous avions ensuite évoqué le double traitement de ce trouble anxieux généralisé : le traitement psychologique qui repose sur l'information, la relaxation et d'éventuelles psychothérapies, et les différentes formes de traitement, pharmacologiques, anxiolytiques et antidépresseurs. Les avantages relatifs des traitements anxiolytiques et antidépresseurs avaient été particulièrement discutés : les anxiolytiques étaient de moins en moins prescrits dans le traitement... de l'anxiété.

En médecine, la question de l'angoisse et de ses

différentes formes est ancienne. Les philosophes s'y intéressent depuis toujours. La psychanalyse, avec Freud qui, en 1895, décrivit la névrose d'angoisse, a proposé des théories successives pour en expliquer l'origine. Le postulat de conflits inconscients qu'il convient, pour guérir, d'élaborer au cours de la cure psychanalytique constitua jusque dans les années 1970 un repère peu contesté.

Freud avait décrit les attaques d'angoisse comme des « préoccupations excessives aboutissant à la panique qui est fréquemment associée à des symptômes somatiques ». Un psychiatre américain, Donald Klein, en inventa le traitement pharmacologique. Il découvrit en effet qu'un antidépresseur, l'imipramine, qui est sans effet sur l'anxiété chronique, guérit les attaques de panique.

Depuis, les recherches en psychopharmacologie sont en constante évolution. Au sein des classifications internationales, les appellations d'origine changent, le monde de la psychiatrie s'américanise. L'anxiété sévère, permanente, devient le trouble anxieux généralisé ; les crises aiguës l'attaque de panique ; la répétition de ces crises aiguës devient le trouble panique. Ces évolutions nosographiques s'accompagnent de recommandations destinées à ce que les médecins posent des diagnostics précis. Des critères caractérisent chaque sous-catégorie de la pathologie anxieuse.

Le cas de Laure

Et c'est ainsi que Laure découvrit qu'elle souffrait d'anxiété pathologique.

Deux mois après le congrès, dans mon bureau, je me trouvai face à un visage connu. Très vite, le souvenir me revint.

Au cours de cette rencontre avec le professeur Boulenger, Laure s'était assise, sur le côté, au deuxième rang. Je l'avais remarquée, non seulement parce qu'elle était jolie, cheveux mi-longs, yeux noisette, rieurs et sérieux à la fois, mais parce que je l'avais vue prendre beaucoup de notes. Elle n'avait, après l'exposé, posé aucune question.

En commençant l'entretien, je découvris qu'elle était en fin d'études de médecine, commençait une spécialité de psychiatrie et se destinait à la recherche. Elle venait me demander un avis. Une phrase, depuis le congrès, la hantait littéralement : « L'anxieux ne tolère pas l'incertitude et met tout en œuvre pour la contrôler. » Cette formule résonnait en elle comme une sorte d'interprétation sauvage, elle éprouvait le besoin d'en parler.

Depuis l'adolescence, elle avait toujours voulu faire médecine pour venir en aide aux autres, pour soigner. Les premières années d'études s'étaient déroulées sans encombre. Quand, à l'hôpital, les premières responsabilités de diagnostic puis après quelque temps de traitement étaient venues, le malaise s'était installé. Peur de se tromper, peur d'oublier l'examen radiologique indispensable, le dosage qui aurait tout expliqué. Peur de passer à côté de la vraie maladie, incertitude sur le traitement à décider. Insensiblement, sans en parler autour d'elle, elle avait choisi de s'orienter vers la recherche. L'avenir des tubes à essai et des animaux de laboratoire l'inquiétait moins que celui des hommes.

Lors du congrès, elle n'avait pas choisi cet atelier par hasard. Ce jour-là le pupitre de l'orateur, de biais dans la salle, faisait que le professeur Boulenger était littéralement face à elle. Elle avait entendu autrement certains mots. Une perspective nouvelle lui était offerte. Si l'anxiété n'est pas seulement un trait de caractère, s'il est possible d'en modifier le cours, si cette question de l'incertain se soigne, elle faisait peut-être fausse route en abandonnant la médecine de soin, médecine qu'elle avait toujours un peu idéalisée. Cette demande de conseils quasi confraternelle quant à une orientation professionnelle fut en réalité le prétexte d'une authentique consultation.

Laure avait grandi dans une famille mi-bourgeoise mi-bohème, entre deux parents gentils mais immatures. Le père journaliste, charmeur et narcissique, avait toujours eu le sentiment de bien s'occuper d'elle. Il avait été attentif, à sa manière, c'est-à-dire d'un peu loin. La mère, qui avait terminé avec succès des études de droit qui ne l'avaient jamais passionnée, avait tenu sans trop de réussite une boutique de vêtements, puis avait créé une solderie pour enfants. Intelligente, plutôt artiste, faussement futile, elle était surtout très immature.

Une seconde enfant était née lorsque Laure avait sept ans. Une seconde petite fille, Jennifer. Très vite, Laure avait été conduite à s'en occuper beaucoup. Pourquoi prendre une baby-sitter puisque Laure est tellement raisonnable ?

Laure ne s'était jamais plainte, elle grandissait toute seule et pensait que cette vie était dans l'ordre des choses. Quand les tensions dans le couple des parents se firent plus vives, Laure reçut les confidences de sa mère, puis de son père, les deux voulant se justifier. Du haut de ses onze ans, elle leur demandait d'être raisonnables. Les parents se séparèrent, la vie continua. Laure, qui avait été élue déléguée de classe, allait bien, avait beaucoup d'amis. Elle était arrivée en médecine tout naturellement, sans redoubler.

Les vrais soucis s'étaient exprimés récemment, en particulier depuis que les gardes en médecine exigeaient des décisions vitales. La première année de ces gardes, des manifestations digestives bizarres et inexpliquées étaient apparues, bientôt accompagnées d'une immense fatigue puis de maux de tête fréquents. Elle avait consulté : deux spécialistes avaient assuré qu'il n'y avait rien d'organique ; ce n'était qu'un peu d'anxiété, normale à ce moment de la formation médicale. Mais bientôt l'endormissement était devenu difficile, les malades à problèmes lui revenant en mémoire le soir au moment de se coucher. Dans ses cauchemars, déguisés en médecins, ils dessinaient au tableau des signes qu'elle ne comprenait pas. L'été venu, les vacances l'avaient soulagée, mais Laure, s'étant mise à manger n'importe comment, avait pris six kilos. Elle vivait découragée, aux limites de l'épuisement. En septembre, l'opportunité de cette bifurcation vers plus de sciences, moins d'humain et moins d'angoisse était apparue. Depuis la rentrée, l'évitement des gardes (elle se faisait remplacer) avait légèrement amélioré la situation, « mais ça n'allait pas » : Laure s'était interrogée sur une éventuelle dépression, mais les symptômes ne correspondaient pas. Elle adorait la vie malgré ses soucis, s'intéressait à tout, aimait voir ses amis, allait au cinéma, au théâtre. Elle refusait bien sûr les tranquillisants dont elle connaissait les nombreux inconvénients. Selon des études récentes commandées par la Caisse nationale d'assurance maladie concernant dix régions françaises, 20 à 40 % des trente mille patients évalués utilisaient trop longtemps, et souvent à des posologies trop élevées, les médicaments tranquillisants.

Curieusement, Laure n'avait à peu près rien fait pour s'aider elle-même. Des mesures hygiénodiététiques simples contribuent en principe à diminuer l'anxiété : réduction de la consommation de café, reconnu comme anxiogène ; suppression ou réduction de l'alcool et du tabac, mais surtout exercice physique au grand air (marche, course, natation).

Il arrivait à Laure, au cours de ses gardes, de boire huit à dix cafés par vingt-quatre heures. Quant au sport, elle n'avait plus le temps d'en faire, disait-elle. Elle n'avait tout simplement pas pris conscience de la nature pathologique de son angoisse. Pourtant le retentissement sur sa vie était majeur : elle envisageait, pour se soustraire à des angoisses incontrôlables, de renoncer à un métier qui avait été une vocation. Des symptômes intenses, persistants, gâchaient son quotidien. Elle avait pensé jusqu'alors qu'il n'y avait rien à faire, que c'était simplement sa « nature ».

Stratégies de traitement à court et à long terme

Comment lui venir en aide ? Comment la conseiller ? À court terme, peu de problèmes. Les stratégies les plus efficaces associent traitements psychotropes et thérapies cognitivo-comportementales.

Les tranquillisants sont utiles s'ils sont bien prescrits : pour des durées de quelques semaines, chez des patients dont les symptômes de tension musculaire et de perturbations du sommeil sont très marqués. Si le trouble est stable, ancien, intense, certains antidépresseurs, paroxétine et venlafaxine, sont plus efficaces et peuvent être utilisés plus durablement. La prescription est légitime dès lors que le handicap, devenu durable, nécessite un soulagement rapide.

Diverses formes de thérapeutiques cognitives et comportementales ont montré leur efficacité. Le principe repose sur la prise de conscience des mécanismes anxieux puis sur l'apprentissage de leur maîtrise. Comment modifier le niveau d'intolérance à l'incertitude ? Comment éviter les pensées anxiogènes ? Comment s'entraîner à la résolution de problèmes ?

À ces techniques de restructuration de la pensée, peuvent s'associer des techniques d'exposition aux situations anxiogènes, de désinhibition, etc. La relaxation est utile : relaxation musculaire simple, relaxation respiratoire, ou par biofeedback. La méditation convient à certains.

Laure avait besoin de résultats immédiats, d'un soulagement rapide : le recours à ces traitements était légitime. Je devais l'en convaincre, ne pas les proposer aurait été une erreur.

À long terme, le problème se posait très différemment. Les rechutes sont fréquentes à l'arrêt des traitements médicamenteux, deux patients sur trois selon la plupart des études.

Les thérapies cognitivo-comportementales ne durent souvent que quelques semaines. Leur effet thérapeutique à deux ou trois ans ne tient pas toujours. Il faut recommencer, associer des traitements, accepter parfois le principe de traitements au long cours dont les effets n'ont jamais été scientifiquement démontrés. L'approche d'inspiration psychanalytique demeure une réelle alternative pour ce qui concerne le long terme. Encore faut-il en avoir l'idée. Encore faut-il que le patient en connaisse les contours et les limites.

L'approche psychanalytique, une véritable alternative

L'anxiété de Laure ne s'était pas constituée en un jour. La place très singulière qu'elle occupait dans cette famille, sans le savoir bien sûr ; la part d'insouciance confisquée par une hyperresponsabilisation trop précoce, l'agressivité enfouie à l'égard de parents qui ne lui avaient pas laissé le temps de grandir avec ses bêtises, ses oublis, ses désobéissances, où tout cela était-il passé ?

Les anxieux sévères n'ont pas tous l'envie ou la possibilité d'engager un traitement psychanalytique. Pourtant, l'approche psychanalytique, si elle ne fait pas disparaître l'angoisse, permet d'établir avec elle des relations différentes. Dans la mesure où le travail est long et exigeant, l'indication doit tenir compte des désirs du sujet, de sa capacité à tolérer une importante frustration ; les résultats, les bénéfices viendront plus tard.

Certains pensent que le travail analytique est un luxe, une technique qui ne prouve pas ses résultats. La plupart de ceux qui ont pu, avec l'aide d'un analyste compétent, parcourir vraiment un trajet analytique, ne voudraient pour rien au monde, ni en avoir été privés... ni le recommencer car l'expérience est difficile.

Laure pourrait, sans nul doute, tirer profit à long terme d'une analyse. Reste que la vie d'un médecin le confronte en permanence à l'incertitude. Ni la mathématique des probables ni la réduction des aléatoires, aucun algorithme décisionnel ne protégeront Laure de la responsabilité d'un choix. Mon ami, le professeur Boulenger, lors de son exposé, avait cité un de ses collègues canadiens : « La difficulté à tolérer l'incertitude correspond à une tendance excessive à tenir pour inacceptable la possibilité, si minime soit-elle, qu'un événement négatif puisse se produire. La personne qui éprouve des difficultés à tolérer l'incertitude tente d'éviter, de contourner ou d'éliminer l'incertitude de différentes façons » (R. Ladouceur).

Une formation de qualité, la prise en compte d'études contrôlées, d'efficacité et de tolérance, pour les traitements qu'elle prescrira, une réelle ouverture d'esprit, une pratique polyphonique de la médecine réduiront son risque d'erreur. Mais elle devra, à moins de faire comme certains qui s'enivrent de leur certitude, exercer et vivre dans le doute. Shakespeare disait de la vie qu'elle était un « mouvement sensible et chaud » – et largement imprévisible, les voyantes me pardonneront d'ajouter ce mot.

9

« Je me permets de vous écrire car j'ai besoin de votre aide »

Quand la dépression récidive

> « Et le présent serait plein de tous les avenirs si le passé n'y projetait déjà une histoire. »
>
> A. Gide

« De personnalité anxieuse, voire dépressive, j'ai fait une première dépression à vingt-deux ans, quelques mois après la naissance de ma première fille. Ma mère, les médicaments et le soutien d'un psychiatre m'ont sortie de là.

J'ai eu ensuite deux passages difficiles, je me sentais de nouveau nerveuse, fatiguée, je dormais mal, j'étais sous antidépresseurs. On a modifié deux fois le traitement.

Au bout de deux ans, je me suis sentie à nouveau bien dans ma peau, sans besoin du Lexomil ponctuel qui supprime le poids sur la poitrine. Petit à petit, j'ai réduit le traitement, puis je l'ai arrêté.

Trois ans plus tard, j'ai traversé une période houleuse avec mon mari. Je voulais un enfant, lui n'en voulait pas. Ma mère est tombée malade et moi aussi. Nouvelle dépression, comme la première fois, sauf que j'ai dû entrer en clinique, confier Amélie à une amie car son père avait trop de déplacements en semaine. De nouveau, j'en suis sortie, mais je sentais que rien n'était résolu, que je tenais à peu près grâce aux médicaments, sans être heureuse.

Finalement, j'ai été enceinte et j'ai eu une merveilleuse petite fille. J'ai plusieurs fois essayé de réduire le traitement temporairement, de le prendre un jour sur deux, de l'arrêter. Sans succès. J'avais des sensations bizarres, j'étais pire qu'avant. On m'a changé de médicaments et j'ai pu arrêter définitivement, il y a deux ans.

Depuis deux mois, sans raison aucune, je me suis sentie entraînée de nouveau par quelque chose que je ne maîtrisais pas, comme une machine incontrôlable. Mon psychiatre n'a pas pu me recevoir rapidement et je me suis précipitée sur mon ancien traitement, ce qui m'a soulagée.

Hier enfin, il m'a reçue et m'a annoncé que je faisais partie des déprimés récidivants, qu'il me fallait un antidépresseur à vie, pour toujours. Je ne peux me faire à cette idée et pourtant je ne veux plus retourner dans l'enfer de mes dépressions. Elles m'ont tatouée. Je n'en veux plus d'autres. Je suis partagée : j'aimerais ne pas dépendre de médicaments, m'en sortir seule, être mon propre moteur, mais en même temps, j'ai peur de retomber, de ne pas y arriver. Mes filles ont besoin de moi. Je vous écris car j'ai besoin d'un avis extérieur. J'ai confiance en mon psy mais j'ai besoin d'un autre éclairage et mes lectures ne m'aident pas.

Avec ma reconnaissance anticipée, je vous prie d'agréer, docteur, l'expression de mes sentiments respectueux. »

Ce courrier reçu il y a quatre ans illustre parfaitement le désarroi de nombreux patients dépressifs soumis à des traitements et des messages contradictoires, allant du tout-biologique au tout-psychologique. Les médecins eux-mêmes sont partagés en ce qui concerne le traitement de la dépression. Cette question nécessite une très bonne connaissance clinique et physiopathologique des phénomènes dépressifs.

Une altération permanente, irréversible de l'humeur

Le mot « dépression », en principe défini par des critères objectifs, est devenu un mot-grenouille qui, à force de se gonfler, ne représente plus vraiment une entité pathologique, dans l'usage courant en tout cas. On confond de plus en plus la clinique de la tristesse – la tristesse constituant une émotion fondamentale de l'existence, émotion parfois très intense mais toujours réversible – et la clinique de la dépression, une altération permanente, irréversible de l'humeur. Un sujet attristé est capable de concentration, de désir, de sensations agréables et même de joies lorsque la tristesse s'arrête. Un déprimé est « habité » par son trouble qui l'envahit des semaines durant, nuit et jour, à des degrés d'intensité variables mais toujours de façon continue.

Cette « banalisation » de la dépression s'accompagne d'une impressionnante progression des diagnostics de dépression. Mais qu'en est-il au juste, dans la réalité ? Parallèlement, l'offre de soin a changé, les outils d'évaluation se sont standardisés. Les critères symptomatiques nécessaires au diagnostic se sont précisés. Le seuil d'intensité retenu pour parler de maladie s'est peu à peu abaissé. Au point que la distinction entre dépression-maladie, symptômes de dépression et personnalité dépressive n'est pas toujours faite.

Les formes de la dépression : du blues passager à l'état chronique

Après un premier épisode dépressif, on peut envisager quatre évolutions possibles : une vraie guérison est obtenue ; le patient bénéficie d'une rémission partielle ou totale ; la dépression résiste et reste intense ; la dépression se chronicise à bas bruit.

Ces différentes formes d'évolution résultent de la personne, de la nature de sa dépression, de son environnement, des traitements qui lui sont proposés et qu'elle accepte ou non de suivre. Les déprimés présentant par ailleurs d'autres troubles psychiatriques (y compris l'abus d'alcool ou d'autres drogues) ou encore certaines maladies somatiques réagissent généralement moins bien aux antidépresseurs.

Si pour les dépressions de faible intensité une approche psychothérapique est suffisante (à condition qu'elle soit correctement et durablement suivie), les dépressions de gravité moyenne et sévère nécessitent l'adjonction d'un traitement antidépresseur.

Il est recommandé, en fonction du profil symptomatique de la dépression (dépression anxieuse, dépression ralentie, dépression avec hyperémotionnalité, dépression avec anhédonie prédominante : lorsque la personne n'a plus de goût à rien), de choisir un premier antidépresseur dont le mécanisme d'action sera adapté. Un déprimé qui a perdu l'appétit, se sent ralenti dans son corps et dans ses pensées indifférent à tout, réagira mieux à un antidépresseur psychostimulant. Un déprimé qui a perdu le sommeil et le contrôle de ses émotions, qui se sent agité, coupable et boulimique bénéficiera d'un antidépresseur qui l'aidera à mettre ses émotions à distance.

La réalité est moins simple et il est difficile de prédire l'efficacité du choix de tel ou tel antidépresseur. Le prescripteur tient en revanche largement compte du profil de tolérance de la molécule qu'il propose. En effet, les familles d'antidépresseurs agissent plus ou moins sur la sédation, les effets anticholinergiques (responsables de constipation, de sécheresse de la bouche, de troubles de mémoire). Ils agissent également sur la prise de poids, les nausées, les migraines, etc. Après quatre à six semaines de traitement, en cas de résultats insuffisants, le médecin augmente la dose, change d'antidépresseur, ou associe un autre antidépresseur. Il existe une grande variabilité interindividuelle de réponses au traitement.

Récidiver ou non ? Le rôle des antidépresseurs

Chez un grand nombre de déprimés, il apparaît très vite que sous la symptomatologie dépressive, des traits particuliers de personnalité constituent de véritables rocs difficiles à modifier par les médicaments. On parle de tristesse constitutionnelle, de tempérament dépressif (Kraepelin), de personnalité dépressive (Kurt Schneider, 1945), ou plus récemment de personnalité évitante, narcissique, d'état limite. Dans ces cas, des traitements psychothérapiques complémentaires sont indispensables et les résultats favorables des traitements beaucoup plus longs à obtenir. Dans ces formes où l'expression de la dépression est modifiée par le trouble de la personnalité, la symptomatologie est souvent atténuée mais elle est très persistante et connaît volontiers une évolution chronique.

Beaucoup de patients ne récidivent pas, c'est-à-dire ne font pas comme Valérie une seconde puis une troisième dépression. Après un temps suffisamment long de traitement, quelques mois après la disparition des derniers symptômes de dépression, le traitement antidépresseur est très progressivement arrêté. Mais certains, malgré un traitement antidépresseur correctement conduit, vont refaire à intervalle plus ou moins rapproché, avec ou sans raison connue, deux, trois, quatre dépressions vraies, caractérisées.

Valérie est dans ce cas et l'idée d'un traitement préventif au long cours suggéré par son psychiatre est loin d'être absurde a priori. Si elle m'écrit pour avoir un autre avis, c'est qu'elle n'a pas compris les motifs de ce traitement au long cours. Les explications de son médecin ont été insuffisantes. Elle vit cette stratégie comme imposée, indiscutable : l'annonce du diagnostic de dépression récidivante n'a pas été intégrée, même si trois dépressions se sont effectivement succédé dans le cours de sa vie. Cette patiente est informée, elle s'est documentée, a acheté des livres, a compris les principes de traitement d'une dépression, a lu qu'on en sortait ; et là, soudain, on lui annonce un traitement à prendre quotidiennement pendant cinq, dix, quinze ans, à vie peut-être... On comprend ses questions, on partage son inquiétude.

Tout psychiatre recevant des déprimés depuis longtemps a dans sa clientèle certains patients sous antidépresseurs depuis des années. Ces situations, relativement rares, sont rendues nécessaire par la gravité des troubles, les risques suicidaires ou les répercussions sévères sur l'adaptation sociale ou professionnelle des intéressés. Longtemps cela ne fut possible que parce que ces psychiatres prenaient sous leur responsabilité de prescrire « hors AMM », c'est-à-dire hors indication légale de prescription. Aucun antidépresseur n'avait fait la preuve, statistiquement valide, d'une action prophylactique vis-à-vis des récidives dépressives. Les antidépresseurs étaient indiqués pour le temps nécessaire à la guérison complète d'un épisode, aucun ne pouvait revendiquer une quelconque action préventive vis-à-vis d'éventuelles dépressions à venir. Des études avaient bien été menées par des équipes américaines dès les années 75. Elles utilisaient les antidépresseurs dits de première génération, imipramine et phénelzine, des antidépresseurs puissants et mal tolérés. Aucune indication officielle d'activité prophylactique n'avait été revendiquée par les laboratoires commercialisant ces molécules.

C'est très récemment, en 2003, que deux laboratoires ont obtenu l'indication « prévention des récidives dépressives chez des patients adultes présentant un trouble unipolaire ». Simultanément la communication au sujet du trouble dépressif a évolué. La dépression n'est plus considérée par certains spécialistes du domaine comme un trouble isolé, mais comme une maladie de la vie entière. L'accent est mis, à juste titre, sur la fréquence accrue des formes récidivantes, sur leur coût humain, social, économique. La prévention devient un devoir, mais une question majeure se pose : qui doit être protégé par des antidépresseurs des éventuelles, probables, inéluctables récidives ? Les études qui ont permis pour la venlafaxine et la sertraline d'obtenir l'indication de prévention sont peu critiquables. Elles font apparaître une indiscutable supériorité des produits actifs sur le placebo. L'effet thérapeutique est « de taille », robuste. Les méthodologistes parlent de « taille de l'effet » pour définir l'importance de l'action thérapeutique : il est, dans ces études, de un à deux, c'est-à-dire très supérieur aux résultats obtenus dans la plupart des traitements médicaux non psychiatriques. Pourquoi s'en priver ?

Comme souvent, l'accueil réservé à ces études dépend de la formation des médecins. Pour les psychiatres de culture pharmacologique, la question se pose à peine et il serait criminel de ne pas protéger des patients à risque. Pour les psychiatres psychothérapeutes d'inspiration psychanalytique, il s'agit de médecine vétérinaire, de vaccination de masse, le sujet disparaît comme la question du sens derrière des pratiques de santé publique.

Toute étude, aussi sophistiquée soit-elle, a ses limites. En effet ces travaux de prévention concernent des déprimés très récidivants, ne couvrent que des périodes de douze à dix-huit mois (et non pas dix années de vie) et mettent en évidence un tiers de placebos répondeurs et à peu près un tiers de patients récidivants malgré le maintien d'un traitement antidépresseur.

L'hypothèse de la vulnérabilité acquise

Comment distinguer les patients à risque élevé (chez qui le bénéfice absolu d'un traitement préventif sera peu discutable) et les patients à faible risque (chez qui le bénéfice absolu de la prévention pharmacologique restera faible) ? Une attitude systématique qui consisterait à engager un traitement prophylactique chez tout patient ayant fait deux voire trois dépressions serait excessivement simplificatrice et probablement peu efficace, car l'observance par les patients serait faible. Il est logique et plutôt sain d'imaginer que les patients s'inquiéteraient devant un « prêt-à-soigner » réducteur. De là à ce qu'ils se tournent vers les médecines parallèles, les pata-traitements ou les sectes, il n'y a qu'un pas que certains ont déjà franchi.

Mais alors, comment procéder pour que chaque patient puisse comprendre les logiques sous-jacentes, les alternatives, les complémentarités possibles de traitements, les intérêts respectifs de la prévention biologique et des psychothérapies ? Au risque d'être un peu simplificateur, il convient provisoirement de distinguer deux niveaux de fonctionnement pourtant indissociables : celui de la machinerie cérébrale, d'une part, celui du fonctionnement psychique et du sens, d'autre part.

S'agissant du premier point de vue, c'est un Américain, Post, qui en s'inspirant des travaux sur l'épilepsie a formalisé l'hypothèse de la vulnérabilité acquise. Cette hypothèse n'est pas seulement séduisante, elle s'intègre parfaitement dans les modèles neurobiologiques de la maladie dépressive.

Au cours de l'épisode aigu, il existe chez le déprimé une dysrégulation des systèmes qui en temps normal font communiquer en boucle diverses régions cérébrales, amygdales, hippocampe, hypothalamus et cortex préfrontal. Si au cours de sa dépression le déprimé s'épuise à penser, à choisir, à décider, à planifier, à anticiper, c'est qu'une zone corticale chargée de prendre connaissance simultanément d'une multitude de données, puis de les classer, de les hiérarchiser (pour secondairement décider) est débordée (malgré sa tentative initiale d'hyperfonctionnement). La coordination normale entre cortex et système limbique se fait mal. Simultanément, au niveau dit sous-cortical, dans le cerveau plus profond, des zones fonctionnelles sensibles, l'hippocampe, l'hypothalamus, sont modifiées et ne remplissent plus leurs rôles. Trop d'informations ascendantes parviennent au cortex qui ne peut plus les traiter. Trop d'émotions négatives envahissent le sujet. L'axe qui contrôle les glandes corticosurrénales est désorganisé et l'organisme libère trop de substances neurotoxiques et de cortisol. L'autorégulation ne fonctionne plus, un échappement lié à un stress trop fort libère le cortisol en excès, la cascade neurohormonale est déclenchée. Les neurones sérotoninergiques et noradrénergiques sont les premiers touchés par la dépression. C'est à leur niveau que les antidépresseurs vont agir. Mais le soulagement des systèmes atteints qui permet une reprise de contrôle du système de supervision des tâches – certains parlent d'administration centrale – n'efface pas l'hypersensibilité des zones profondes : des altérations cellulaires, des cicatrices, des traces persistent. On parle donc de vulnérabilité acquise.

Une fragilité est installée pour une assez longue durée. Le système de stabilité et de régulation de l'ensemble cognitivo-émotionnel est devenu vulnérable (même s'il ne l'était pas avant cette première dépression). Combien de temps le reste-t-il chez l'homme ? Quelques mois, quelques années, quelques dizaines d'années, c'est ce que nous ignorons encore. Certaines données récentes de neuro-imagerie fonctionnelle permettent de visualiser chez des patients déprimés récidivants des zones particulières du cerveau présentant des anomalies spécifiques durables. Il existe donc une logique biologique que ces études cliniques de prophylaxie effectuées pour deux antidépresseurs confirment.

Certains redoutent que, sous l'effet d'une pression biologique durable et constante liée à ces antidépresseurs, l'on observe une déstabilisation de l'humeur, une inversion de cette humeur, et l'entrée dans des périodes d'évolution cyclique plus ou moins rapide de l'humeur. D'autres parlent d'évolution chaotique. Il n'existerait pas vraiment de cycle individualisable dans le temps, c'est au quotidien, heure par heure, que sous l'effet des antidépresseurs l'humeur deviendrait capable de fluctuer : gaie le matin, hyperémotive l'après-midi.

Pour certains neurobiologistes, les réserves sont d'un autre ordre. À force d'être artificiellement protégés, il est permis de penser que les systèmes adaptatifs perdraient de leur capacité autonome de réactivité. Il s'installerait, sous l'effet de certains antidépresseurs prescrits au long cours et chez certains sujets, une sorte de fragilisation paradoxale et progressive. Les antidépresseurs agissent selon des mécanismes différents ; il n'est pas certain que tous se comportent de la même façon vis-à-vis de la régulation au long cours. Il n'est pas prouvé que les mécanismes d'action à court terme soient les mêmes que ceux responsables à long terme. L'analyse des données actuelles est donc simplement en faveur d'un traitement prophylactique d'au moins deux à trois ans chez les déprimés ayant présenté deux ou trois épisodes dépressifs sévères dans un délai rapproché et quelles que soient les circonstances. À l'issue de cette phase, les traitements au long cours seront en principe réduits très progressivement, sur plusieurs mois, afin que les systèmes biologiques aient le temps de se resensibiliser physiologiquement.

La vulnérabilité initiale : la boîte noire de l'inconscient

Mais la prévention biologique, si elle protège des stress, ne s'intéresse pas au processus de répétition névrotique à l'œuvre dans les vies humaines, à l'évitement des facteurs déclenchants. Il faut comprendre que, bien avant que cette vulnérabilité acquise ne se mette en place, il existe chez tout sujet des vulnérabilités initiales à la dépression. Certaines sont d'ordre génétique, d'autres sont acquises au cours du développement et semblent liées aux événements de vie qui précocement ont pu fragiliser un enfant, un adolescent ou un adulte jeune. Lorsqu'un psychiatre tente, pour un sujet donné, de définir une sorte d'indice de risque de récidive, il mêle des critères liés à l'histoire récente ou ancienne du trouble dépressif (nombre de dépressions antérieures, sévérité, durée, sensibilité au traitement, qualité des intervalles libres, répercussion des épisodes sur la vie sociale des sujets), mais également aux indices individuels de fragilité. C'est en les expliquant au patient, en lui laissant le temps de réfléchir, de décider, qu'une véritable stratégie thérapeutique peut être définie.

La psychanalyse ne constitue pas un axe direct de traitement préventif de la dépression car elle travaille au long cours, prend son temps pour révéler ce qui lie imperceptiblement des dépressions récidivantes ou de simples phases dépressives à un ou plusieurs événements traumatisants de l'enfance ou de l'adolescence. Darwin, dans *L'expression des émotions chez l'homme et chez les animaux*, suggérait que toute émotion singulière intolérable est toujours la répétition d'une émotion ancienne. Les analystes ont tenté de préciser les caractéristiques du traumatisme en relation avec les dépressions ultérieures. À l'origine, un jour, à la suite d'une perte imprévisible, quelque chose de violent, de triste, de non-pensable par les mots, de non-représentable par les souvenirs, aurait été enfoui dans la vie psychique du sujet. Cette boîte noire porterait les traces soit d'une vraie perte liée à un événement réel (mort d'un parent, d'un proche, séparation brutale), soit – et cela est plus compliqué – d'une perte fantasmée, liée à un micro-événement, à une perte imperceptible en relation parfois avec un objet a priori peu signifiant, mais très fortement surinvesti par l'enfant. Winnicott parlait d'agonie primitive pour décrire un état très précoce de vide, de non-existence, d'angoisse de la mort dont aucun mot appris ne pouvait rendre compte. Le problème est que l'analyse ne se déroule pas comme une enquête policière qui n'aurait pour but que de retrouver la boîte noire du traumatisme initial. La mise au jour résiste surtout si l'on s'y intéresse trop directement. Une condition est nécessaire : une relation singulière forte doit préalablement se construire au fil des entretiens entre le sujet et l'analyste. C'est ensuite peut-être que la perspective causale apparaîtra et que le pourquoi émergera de l'inconscient. C'est en grande partie en raison de la durée du traitement et de ses aléas – l'installation du lien transférentiel est une condition nécessaire mais non suffisante – que la psychanalyse existe de plus en plus en dehors des pratiques de soins, ce que l'on peut regretter.

Les failles à l'origine des récidives

La psychanalyse n'est pas le seul traitement envisageable. Les traitements fondés sur l'échange interpersonnel sont nombreux et extrêmement hétérogènes dans leurs fondements théoriques. Les thérapies cognitivo-comportementales s'appliquent aux dépressions depuis une trentaine d'années. La causalité du trouble est conçue très différemment : on s'intéresse moins aux événements qu'à l'existence de « schèmes dépressogènes », de sous-programmes de pensée, qui chez le déprimé se libèrent trop facilement et trop exclusivement sous l'effet de stress divers. La mobilisation excessive de pensées négatives concernant soi-même, le monde extérieur et le futur organise la dépression. Le sujet a une vision négative de lui-même (il se sent incapable, sans valeur, inadéquat). Il a une vision négative du monde extérieur qui demande trop et pose trop d'obstacles, de l'avenir (qui n'est rempli que de souffrance et d'insuccès). Un sujet normal redresse inconsciemment ses biais de pensée, un déprimé n'y parvient plus. Ses pensées automatiques, ce qu'il se dit de lui-même dans son dialogue interne, sont tellement péjoratives qu'elles le maintiennent dans la dévalorisation. Ces schèmes dépressogènes (sortes de prémisses implicites, de croyances de base) se constituent à partir d'expériences passées non spécifiques mais organisées, simplistes et enfantines, inflexibles. Construites d'épisodes en épisodes, elles sont engrammées dans l'enfance mais modifiées par les expériences. Il est probable que la répétition des accès dépressifs les renforce et facilite ultérieurement leurs rappels au moment où une nouvelle dépression s'annonce.

Le projet des thérapies cognitives est d'identifier ces schèmes puis, par des techniques régulières rapprochées et durables, de les modifier très en profondeur. La méthode tient compte des personnalités. Le psychiatre américain Beck opposait pour les candidats à la dépression récurrente deux sortes de patients : ceux de l'extrême autonomie et ceux de l'extrême dépendance. Les premiers sont avides de succès, de réalisations personnelles, d'autonomie ; ils se dépriment lorsqu'ils ont le sentiment subjectif de ne pas atteindre les buts qu'ils croient s'être eux-mêmes fixés ; ils se sentent insuffisants, coupables. Les seconds recherchent l'affection, la compagnie des autres, leur permanente approbation, une protection ; ils se dépriment lorsqu'ils se sentent abandonnés, oubliés, ils se sentent dépendants. Entre référence à l'éternelle enfance et exigence absolue de liberté, il existe pour chacune de ces personnalités des événements clés qui déclenchent et réactualisent les schèmes fondamentaux endormis mais toujours présents. L'association d'une modification structurelle profonde et le développement appris d'alternatives de pensée est parfois capable de désamorcer la répétition des processus dépressogènes.

Ces méthodes diffèrent largement des approches psychanalytiques. Elles sont directives, structurées, centrées sur la situation présente du patient et sur des symptômes cibles. Leur efficacité est plus facilement mesurable, leurs effets repérables à court terme par le patient. Il serait souhaitable qu'après avoir été suffisamment éclairé sur les différences entre techniques, le patient, avec les conseils du spécialiste, puisse s'orienter vers la thérapie qui l'attire. Les bons psychiatres sont capables, au-delà de leurs références théoriques personnelles, de suggérer une orientation compatible avec la situation et les attentes d'un patient. Ainsi, une grande capacité d'autocontrôle permet une bonne réponse aux thérapies cognitivo-comportementales ; au contraire, un fort indice de « névroticisme » constitue un facteur prédictif d'échec à cette technique cognitive.

Changer de regard sur soi : un nouveau point de départ

Valérie L. est montée à Paris et nous avons eu ensemble un très long entretien. Je lui ai volontairement demandé de ne pas initialement me parler de ses dépressions, mais plutôt d'elle, de sa vie, de son adaptation habituelle aux difficultés. Valérie s'était mariée, avait eu une première fille, puis une seconde. Elle était secrétaire de direction dans une grande société viticole. Elle était une fille très liée à sa mère, une épouse peu épanouie, une mère attentive et dévouée. Les dépressions qui l'accablaient « régulièrement » lui semblaient a priori inexplicables et inexcusables. Son mari était distant, lointain, mais elle n'avait rien d'essentiel à lui reprocher. Ses filles travaillaient bien, son métier l'intéressait, elle avait tout pour être heureuse. Sa biographie aurait pu sembler banale. Elle ne l'était pas. Son père, italien d'origine, avait quitté sa mère lorsqu'elle était petite. Il avait refait sa vie en Allemagne, fondé une autre famille et elle ne l'avait presque jamais revu. Bien sûr tout cela était loin, oublié, et, pensait-elle, sans relation avec ce qui lui arrivait aujourd'hui. Ensemble, nous avons repris l'histoire.

Les trois dépressions étaient indiscutables, sévères. Le retentissement sur la vie familiale, professionnelle avait été évident. Tous ces éléments, mis en relation avec son évolution récente, étaient en faveur du traitement prophylactique proposé par le confrère bordelais. Valérie ne présentait pas de trouble majeur de personnalité, elle était bien insérée socialement, était capable de demander de l'aide, sa lettre le prouvait. Elle avait su, à différentes reprises, s'adapter à des changements de vie professionnelle. Elle ne buvait pas, ne consommait pas de drogue, n'avait pas d'autre maladie physique. Il n'existait pas à sa connaissance d'antécédents familiaux de dépression, ni d'autres troubles mentaux.

Le cumul des facteurs de risque et des indices de vulnérabilité était donc assez faible, à une exception près : lorsqu'elle avait quatre ans, son père avait soudainement disparu de sa vie ; trois mois plus tard, elle était allée vivre chez ses grands-parents et n'avait pu voir sa mère qu'un week-end sur deux. L'existence d'une souffrance de séparation précoce au cours de la petite enfance (ou d'événements traumatisants divers, abus sexuels, violences) constitue un facteur important de vulnérabilité, même si en apparence le sujet pense avoir dépassé l'épreuve. Je fus frappé, au cours de l'entretien, par l'insistance que mettait Valérie à banaliser les événements douloureux de son enfance.

De même, il lui était difficile d'aborder sa vie de couple, comme si, là non plus, il n'y avait rien à en dire. Je pensais, moi, qu'il y avait beaucoup à dire et, sans penser à sa place, je la mis sur la piste de quelques liens possibles entre sa vie d'enfant et sa vie d'adulte.

Elle me fit confiance et prit contact avec le psychothérapeute bordelais à qui je l'adressai dès que cette troisième dépression fut améliorée. J'écrivis un courrier à mon confrère prescripteur pour lui dire que j'avais reçu sa patiente qui souhaitait un autre avis, que j'étais en accord avec la décision de traitement prophylactique, mais que pour des raisons que je détaillais dans la lettre, je conseillais parallèlement d'engager une psychothérapie d'inspiration psychanalytique. Dans ce cas précis, une thérapie cognitive ne me semblait pas indiquée, je n'avais pas repéré de biais de pensées négatives systématiques.

Trois ans plus tard, au cours d'un rendez-vous de « remerciement », je me suis trouvé en face d'une femme étonnamment changée. La thérapie avait démarré très vite. De séance en séance, les événements de sa vie avaient pris des reliefs différents. Après la naissance de sa fille, ce mari plus lointain, absent, qui voyageait pour son travail en semaine et faisait du sport les week-ends... Un sentiment d'abandon dont elle n'avait pas tenu compte puisqu'elle n'en avait pas conscience, considérant qu'après tout c'était cela la vie. Les tensions plus tard, avec un mari soucieux de réussir socialement, son isolement dans une belle-famille bourgeoise qui la snobait un peu. Les questions sur le choix de ce compagnon de vie, en apparence très présent, très installé, très rassurant, mais en réalité surtout préoccupé à se rassurer lui-même. Et puis ces liens avec ce père si vite évanoui, de condition modeste, si peu rassurant lui aussi.

L'idée de la séparation avec le mari était venue, mais cela changerait quoi ? On ne s'en va pas à quarante ans, on s'habitue. Et puis, de mois en mois, une forte évidence s'était fait jour : elle ne pouvait plus se mentir à elle-même, les compromis incessants n'étaient plus acceptables. Les motivations à l'origine de ce mariage apparaissaient sous un autre éclairage, la vérité était dure, on ne sort pas sans douleur de l'équivoque. Peu à peu, Valérie avait eu le sentiment de se découvrir enfin et d'affirmer, dans son existence quotidienne, sa propre histoire. Le divorce était en cours, et elle l'abordait avec légèreté. Elle avait espéré un temps l'éviter, mais un détachement irréversible s'était mis en œuvre. « J'ai l'impression, me disait-elle, d'être sortie d'une sorte de conditionnement. J'ai envie de me sentir aimée pour ce que je suis et pas pour ce que je devrais devenir. Je me rends compte qu'au fond, même lorsque j'allais bien, je ne me trouvais plus vraiment de raison d'être. Aujourd'hui, c'est comme si on m'avait rendu ma vie. »

Valérie a durant tout ce temps poursuivi son traitement antidépresseur. Elle a le sentiment aujourd'hui qu'après trois ans de stricte observance, après ce travail personnel qui l'a éclairée sur les mystères de son fonctionnement psychique, elle peut progressivement tout arrêter. Je lui conseille pour les médicaments une grande progressivité dans la réduction des doses, nous ne sommes plus à une semaine près. Pour la thérapie, je me contente de souligner qu'il ne faut peut-être pas tout couper en même temps, qu'il n'y a pas d'urgence, que nous ne sommes plus à quelques mois près.

L'avenir dira si la récurrence s'est interrompue. Nous pensons qu'en associant deux techniques complémentaires nous avons optimisé les chances de prévention. Encore fallait-il que l'intéressée comprenne les données de son propre problème, et soit convaincue que les décisions ne lui étaient pas imposées et ne relevaient pas d'un manuel d'hygiène mentale.

10

« Je suis comme j'aurais dû être »

Lorsque le psychiatre travaille hors des sentiers battus

« Travaillons donc à bien penser, voici le principe de la morale. »

Pascal

Qu'un traitement biologique puisse modifier, en l'améliorant, la personnalité d'un individu ou l'expression de cette personnalité pose évidemment problème : celui, très précisément, des limites actuelles d'utilisation des psychotropes. Bien qu'aucun des antidépresseurs dits IRS (c'est-à-dire inhibiteurs de la recapture de la sérotonine) n'ait officiellement revendiqué ce type de propriété, il est évident que la plupart d'entre eux permettent, en dehors de toute pathologie dépressive, de mettre à distance les affects et par ce biais d'adapter certains sujets hypersensibles à leur environnement.

L'histoire de Nicolas C. est de celles qui ouvrent bien des interrogations à ce sujet. Ma première rencontre avec cet industriel qui inaugure aujourd'hui ses nouveaux ateliers s'est faite voici plus de dix ans, un

23 décembre. Son médecin de famille le traitait depuis un an pour une dépression qui ne guérissait pas. Il restait somnolent toute la journée, n'avait plus jamais faim. Il avait deux fois changé d'antidépresseurs, avait modifié l'heure des prises, soir, midi, rien n'y faisait. Il était venu me voir sur les conseils de son épouse qui avait lu *Le bonheur sur ordonnance*, un livre consacré au Prozac et dont j'avais alors rédigé la préface. Nicolas C. était donc venu rencontrer une sorte de « spécialiste du Prozac » plus qu'un psychiatre.

Aujourd'hui, mêlé à la petite foule de ses deux cents invités, je regarde cet homme qui a peu vieilli, sa famille près de lui, ses deux filles, ses petits-enfants. Sérieux, endimanché dans son costume bleu sombre, il écoute le discours de monsieur le maire. Il est bien sûr question de lui, Nicolas C., « entrepreneur modeste et ambitieux, prudent et visionnaire, réservé et conquérant qui a su... ». Suivent les compliments d'usage concernant l'agrandissement de l'usine, les emplois créés dans ce village modeste des Vosges, etc. Je suis heureux pour lui et les siens, pour ces familles attentives dispersées dans la cour. Le buffet est dressé, les nappes blanches sont en ordre, le ciel est clair.

J'ai accepté l'invitation qui m'était faite d'assister à l'inauguration de la nouvelle usine. Lui et son épouse y tenaient vraiment. Et puis, hasard de la vie, mon grand-père paternel était né, au début du siècle précédent, dans ce village où je n'étais venu que très rarement. Aujourd'hui, je me souviens avoir cueilli des quetsches dans le champ près de la rivière, tout près d'ici. Cette journée me donnait l'occasion de revoir ces lieux et de m'associer à une réussite heureuse qui n'était pas venue sans peine. Il avait fallu batailler ferme contre un ennemi sournois et entêté, mal identifié et qui s'était présenté sous le masque d'une banale dépression.

« Je vis en sous-régime depuis toujours »

Depuis 1990, Nicolas C. dirigeait avec un ami une petite entreprise de meubles de bois. L'affaire stagnait, les associés n'étaient pas d'accord sur les mesures à prendre. M. C. avait bien des idées, pensait à l'export, à des modèles pour enfants, mais il n'arrivait pas à se faire entendre, étant dominé par la personnalité de son associé. C'est d'ailleurs à ce conflit larvé, à cette inhibition chronique, qu'il attribuait cette dépression dont il ne sortait pas. L'interprétation n'était pas totalement fausse et, lors des deux premiers entretiens, l'idée m'était venue de chercher pour lui les coordonnées d'un collègue psychothérapeute dans cette région d'Écurey. Il ne pouvait à l'évidence venir toutes les semaines à Paris, il ne le voulait pas, d'ailleurs.

En même temps que j'associais à son premier antidépresseur de faibles doses d'un second antidépresseur stimulant (ce qui en théorie ne se fait pas), j'essayais de mieux connaître l'homme : son enfance, son histoire, sa personnalité. Une forme de découragement progressif s'était peu à peu installée au cours des dernières années. « J'ai perdu du terrain, je n'ai plus la force de me battre, mes ambitions sont tombées à l'eau, je suis sans énergie, surtout le matin, je n'ai aucun tonus. » Mais bien avant, pratiquement depuis toujours, depuis l'adolescence en tout cas, il avait une manière gênante d'« être au monde » : ses idées, ses désirs, ses projets – intelligents d'ailleurs – étaient sans cesse contrariés par des doutes sur lui-même, une incertitude constante, des hésitations infinies conduisant à une sorte d'immobilisme. « J'ai toujours eu beaucoup trop d'interdits, je vis en permanence dans les contradictions internes de mon cerveau. Dès que je veux avancer quelque chose, je retombe dans mon pétrin, je finis par être indifférent à tout. »

Cette dimension parfaitement stable dans le temps d'un fonctionnement psychique particulier différait nettement des épisodes dépressifs surajoutés. Ce quadragénaire avait hérité, je le découvrais peu à peu, d'un tempérament particulier, bien connu des psychiatres classiques et très difficile à modifier. Un manuel psychiatrique, celui de Henry Ey, décrit ainsi ce type de patients : « L'absence de décisions, de résolutions volontaires, le défaut de confiance et d'attention, l'incapacité d'éprouver un sentiment exact en rapport avec la situation présente, la rétrogradation vers le passé et l'imaginaire constituent les principales caractéristiques de ces symptômes psychasthéniques. »

Stimuler ces patients est difficile. Les psychothérapies, qu'elles soient d'inspiration psychanalytique ou dérivées des approches cognitives, échouent généralement à redynamiser de façon durable ces êtres fonctionnant psychiquement en sous-régime permanent. Aucune étude contrôlée ne s'est intéressée à ce type de patients.

Certains de nos maîtres, dans une époque où les prescriptions étaient moins encadrées, utilisaient volontiers une classe particulière de psychotropes, les inhibiteurs de la mono-amine-oxydase (IMAO). Ces médicaments découverts presque par hasard dans les années 50 sont de puissants antidépresseurs. En France, leur usage est resté très limité car des précautions d'emploi strictes compliquent la vie des patients traités. Être soigné par un IMAO expose à des poussées hypertensives dangereuses si un strict régime alimentaire n'est pas suivi. Ce régime alimentaire suppose d'exclure tous les aliments contenant de la tyramine (chocolat, alcool, fromages...). L'effet de ces médicaments, en raison de leur mécanisme particulier d'action, se prolonge trois semaines après l'arrêt du traitement. Une grande prudence s'impose donc en cas d'accident, quand des anesthésies sont nécessaires, ou qu'il faut absolument associer certains médicaments.

Certains médicaments, même jugés désuets, peuvent être efficaces

Durant mes années consacrées à la recherche clinique, j'avais travaillé au développement de molécules dites IMAO réversibles. Les chercheurs étaient partis d'une molécule de référence, l'iproniazide pour créer des dérivés moins puissants, mieux tolérés, mais dont surtout le mode d'inhibition sur la mono-amine-oxydase était réversible et sélectif. La toloxatone, fruit de cette recherche, fut un antidépresseur modeste, mais aurait été, si le marketing l'avait laissé se développer dans cette voie, un excellent antiasthénique. L'action ne durait que quelques heures, l'inhibition était moins puissante. Nul besoin de régime alimentaire ni de précautions particulières d'emploi. Un écueil, bien sûr : la moindre puissance d'action de cette nouvelle série d'IMAO réversibles.

Après le succès très relatif de différents antidépresseurs classiques, l'idée m'était donc venue de tester chez ce patient difficile les effets psychostimulants de la toloxatone : 600 mg ne produisirent aucun effet, 1 200 mg furent inefficaces, tenter 1 800 mg par jour aurait été possible mais nous aurions alors été très au-delà des posologies légales. Des raisons théoriques m'auraient permis de prendre ce risque, mais je considérais que le patient aurait mal supporté un tel écart à la norme. Restait l'iproniazide, une ancienne molécule, le presque dinosaure. J'avais prévenu oralement le patient des inconvénients et des risques. Je l'avais informé du caractère désuet de ma prescription, et je lui avais souligné d'emblée que nous partions peut-être pour un traitement de longue durée. Il n'aimait pas les médicaments, il ne les aime toujours pas. Mais il n'aimait plus sa vie... Nous avons donc augmenté la posologie avec prudence par paliers de trois semaines : un demi-comprimé puis un comprimé ne donnèrent pas de changement ; à un comprimé et demi l'intellect s'est mis à mieux fonctionner ; à deux comprimés une insomnie est apparue accompagnée d'énervements ; nous sommes redescendus à un comprimé et demi par jour, la « dépression » avait enfin disparu.

Après deux ou trois mois de stabilisation, nous avons commencé, très progressivement, à réduire les doses. À la posologie d'un demi-comprimé, les doutes, l'incertitude, l'asthénie triste sont réapparus et, à la demande même du patient, pourtant hostile aux psychotropes, nous sommes repassés à un comprimé et demi.

Depuis sept ans, le traitement est poursuivi. Au fil des années, Nicolas C. a pu enfin prendre confiance en lui et faire ce qu'il avait envie de faire. Il a, selon ses propres mots, « trouvé sa vraie nature » : « Vous savez, depuis tout jeune, j'ai toujours eu des idées, mais je n'avais pas l'audace de les mettre en œuvre. » Cet homme, au milieu des siens, de ses amis, de ses employés, semble heureux et se réalise. Direct, il est capable d'écouter, de se faire conseiller et de décider. Dans un environnement exigeant où les adaptations sont incessantes, il sait temporiser puis, le moment venu, faire avancer les projets.

Est-il drogué ? Je ne crois pas, mais je ne suis sûr de rien. Au cours des rendez-vous, nous nous sommes, lui et moi, beaucoup parlé, beaucoup interrogés. Je lui ai confié des documents de recherche afin qu'il comprenne que cet effet-dose de l'iproniazide n'avait rien de magique et s'expliquait scientifiquement. Il m'a avoué ses écarts de régime. Lors de sa mise sous traitement, je lui avais remis la liste dactylographiée de tous les aliments et boissons qui étaient formellement contre-indiqués. Étant convaincu qu'il avait compris le principe : éliminer tout ce qui contenait de la tyramine, il devenait envisageable de rendre le régime alimentaire un peu moins strict, bien que cela soit en principe interdit. Il suffisait de réduire au maximum tout ce qui contenait cette tyramine, un peu de chocolat un jour, un morceau de fromage fermenté le lendemain, un verre ou deux de vin le dimanche ou les jours de fête mais jamais les trois simultanément, c'était le prix à payer.

Un risque calculé et partagé

Ma stratégie est critiquable, aucune étude contrôlée n'a démontré l'efficacité et la sécurité d'emploi dans ce cadre. L'amélioration du tonus psychique, une moindre sensibilité aux hésitations, une affectivité plus libre ont permis à un homme doué de talents de mieux s'adapter à son environnement familial et socioprofessionnel. De l'avis de tous, sa vie a changé. Il s'est défait de son associé, grande gueule mais incompétent notoire. Il a amélioré sa vie amoureuse avec son épouse, sa relation avec ses filles et ses gendres est plus ouverte. Il lit, voyage, exporte, il est enfin lui-même. S'il avait été cardiaque, hypertendu, diabétique et sous traitement depuis sept ans, le monde entier le féliciterait pour sa discipline et l'observance de son traitement, le cardiologue, l'endocrinologue, se réjouiraient sans arrière-pensée que des médicaments modernes et puissants régulent le fonctionnement de récepteurs défaillants. Parce que les cellules sur lesquelles agit l'iproniazide sont des neurones, parce que les neurones, c'est bien connu, sont le siège de la volonté, certains, et lui-même certains jours, pensent que vivre avec des drogues n'est pas satisfaisant. Lui et moi avons choisi, peut-être pas en toute, mais en assez bonne connaissance de cause.

Je n'utilise que très exceptionnellement cette stratégie de traitement, les patients psychasthènes sont rares et ne consultent pas souvent des spécialistes. Ce traitement au long cours n'est pas légal au sens où aucune indication officielle ne l'autorise. L'ancienneté de la molécule, son prix dérisoire, un marché minuscule ne permettront jamais que des études suffisantes soient diligentées. La firme d'ailleurs envisage plutôt de supprimer le produit car sa fabrication coûte plus qu'elle ne rapporte. Seize mille boîtes vendues par an en France, la tentation est réelle d'arrêter toute commercialisation.

Je n'ai pas fait signer à Nicolas C. de document écrit reconnaissant qu'il avait été informé de tous les risques que ce traitement faisait encourir. Tous les ans, il passe un électrocardiogramme. Tous les trois ans, il va faire un fond d'œil. Son dossier porte les traces de nos tâtonnements, de nos essais pour arrêter l'iproniazide et des reprises. Je reporte à plus tard la question de son consentement écrit, celle de la légalité de ma prescription. J'espère que jamais la justice n'aura à se mêler de cette histoire. Je crois que ni lui ni moi ne regrettons le risque pris et partagé.

Aujourd'hui nous sommes là. Le champagne dans la coupe qu'il porte à ses lèvres contient un peu de tyramine. Chut, nous allons trinquer. La musique commence doucement. « Il faut une musique en soi pour faire danser le monde. »

11

Aurore

De l'usage des psychotropes chez l'adolescent

> « On est responsable des gens qu'on apprivoise. »
>
> Saint-Exupéry

L'usage de psychotropes chez l'adolescent et plus encore chez l'enfant est depuis toujours sujet à polémique. La maturation du cerveau étant en plein développement, une attitude de réserve semble s'imposer. Des conditions très strictes de prescription sont posées. Il est nécessaire qu'un diagnostic précis des troubles et de leur gravité ait été porté, que le médicament utilisé ait démontré, dans la pathologie concernée, son efficacité et son innocuité. Un temps limité de traitement doit être défini. L'association à une prise en charge psychologique est toujours nécessaire.

Malgré ces précautions, les chiffres de consommation surprennent. On observe des utilisations importantes de sirops destinés à calmer ou à faire dormir de très jeunes enfants. L'ordonnance est trop souvent rédigée pour aider les parents peinant à apaiser les besoins de leur enfant plutôt qu'à traiter réellement un problème. L'objectif est alors de faire taire un symptôme gênant, ce qui est évidemment simpliste. Malgré les mises en gardes régulières répercutées par les médias, la consommation de psychotropes reste trop importante chez les adolescents. Trop de neuroleptiques sont encore utilisés dans un certain nombre d'institutions sans que l'on comprenne bien l'objectif des traitements. Pour ce qui concerne les antidépresseurs, la situation en France est probablement moins grave qu'ailleurs.

Un problème de santé publique

La dépression chez l'enfant et l'adolescent s'exprime différemment de chez l'adulte et, durant de longues années, seuls certains spécialistes s'aventuraient à la traiter par des médicaments. Récemment, cette symptomatologie dépressive étant de mieux en mieux reconnue, décrite, en principe définie, sa fréquence allant en augmentant, certains industriels déclenchèrent des études cliniques destinées à faire légaliser leur utilisation chez les moins de dix-huit ans, cherchant à rassurer et le corps médical et les utilisateurs.

Mais, au cours de l'année 2004, l'opinion publique a été saisie d'un problème de santé publique qui jusqu'alors n'avait concerné que le cercle restreint des autorités sanitaires américaines et européennes. Des informations faisant état de comportements anormaux chez des adolescents sous antidépresseurs inhibiteurs de recapture de la sérotonine (IRS) sont venues des États-Unis : les symptômes relatés concernaient des aggravations d'idées suicidaires et des passages à l'acte. Plusieurs antidépresseurs étaient mis en cause, mais très vite l'un d'entre eux, à base de paroxétine, focalisait l'attention. Quelques mois plus tard l'attorney général de New York accusait le laboratoire qui le fabrique, GSK, de fraude. Selon ses accusations, les résultats de certaines études conduites aux États-Unis chez des adolescents, résultats défavorables au produit, n'auraient pas été publiés afin de ne pas nuire à l'image du médicament !

L'histoire est en réalité plus complexe et les familles américaines sont à l'origine d'un processus qui, via le Royaume-Uni, s'est étendu à l'Europe et à la France. Des parents d'adolescents américains « traités » par paroxétine et présentant, selon ces familles, des comportements anormaux ont alerté le Center for Diseases Control. Assez rapidement, la Food and Drug Administration américaine a prononcé une mise en garde pour l'ensemble des IRS prescrits avant dix-huit ans mais n'a pas fourni immédiatement de données précises concernant ces effets secondaires. Les autorités européennes alertées tentent à leur tour de faire le point pour l'ensemble des IRS et sous deux angles distincts : l'effet antidépresseur de ces médicaments a-t-il été clairement établi ? Pour le dire autrement, ces antidépresseurs sont-ils plus efficaces que le placebo dans les études conduites chez des adolescents déprimés ? Comment les données de sécurités ont-elles été recueillies, établies, publiées ? Dans l'attente de résultats précis, des mises en garde ont été faites.

Il faut savoir que les autorités de santé disposent de deux types d'informations : celles issues des études cliniques effectuées par les laboratoires et les données de terrain obtenues par les centres de pharmacovigilance. Lorsqu'un médecin observe chez un patient, adolescent ou adulte, un effet anormal, imputable a priori à une molécule, il est censé adresser l'observation du cas au centre de pharmacovigilance de sa région. Le plus souvent, ce signalement n'est pas fait, et on estime que seulement 10 % des cas sont documentés. Il existe donc une très importante sous-notification des effets délétères.

Pour ce qui concerne les études cliniques, diligentées par les industriels, une réelle anomalie persiste. Si les firmes sont tenues de déclarer les études qu'elles initient, elles ne sont pas obligées de fournir tous les résultats. La plupart du temps les études que l'on dit négatives (le bénéfice-risque d'une molécule dans une indication n'est pas démontré par rapport à un placebo ou la molécule se révèle moins efficace que le comparateur) ne sont pas publiées. C'est à partir de cette anomalie que certains accusent les IRS de n'avoir pas fait la preuve de leur efficacité et/ou de n'avoir pas révélé les risques qu'ils font courir.

Deux niveaux d'analyses doivent être soigneusement distingués : le premier concerne les études légales indispensables à l'obtention d'une autorisation de mise sur le marché, dans une indication donnée et pour une certaine classe d'âge. Récemment les laboratoires GSK avaient d'ailleurs soumis aux autorités de santé du Royaume-Uni un dossier en vue d'obtenir une indication dans le traitement des dépressions majeures chez l'enfant entre sept et dix-huit ans. Le second concerne les effets observés en pratique naturaliste, dans la vraie vie. Quand une molécule est commercialisée depuis un certain temps, l'écart entre les deux domaines peut se révéler considérable.

Les agences chargées d'autoriser les commercialisations : FDA (Food and Drug Administration) aux États-Unis, MHRA (Medicine and Healthcare Products Regulatory Agency) au Royaume-Uni, AFSSAPS (Agence française de sécurité sanitaire des produits de santé) jugent des médicaments étudiés dans des conditions correctes de prescriptions. Il revient aux sociétés savantes, chargées d'enseigner les bonnes pratiques, d'éviter que des débordements trop importants entraînent un mésusage des médicaments.

Les antidépresseurs, oui, mais...

Aujourd'hui, trois questions clés restent posées : un ou plusieurs antidépresseurs peuvent-ils contribuer à traiter des adolescents gravement déprimés ? Ces médicaments ont-ils, oui ou non, fait la preuve de leur efficacité entre huit et quinze ans et entre quinze et dix-huit ans ? Les IRS sont-ils dangereux avant dix-huit ans ?

À la première question, l'ensemble des spécialistes répond par l'affirmative. Oui, chez certains adolescents, sévèrement déprimés, ralentis dans leur pensée, ayant perdu depuis des semaines le goût de vivre, incapables de ressentir le moindre plaisir, nécessitant parfois une hospitalisation, un traitement biologique d'antidépresseur peut être réellement actif.

Comprendre pourquoi certains IRS n'ont pas démontré de façon claire leur supériorité par rapport au placebo nécessite une explication méthodologique simple. Beaucoup d'essais comparatifs, molécules actives versus placebo, sont conduits chez des adolescents traités en ambulatoire. Pour des raisons éthiques, ceux qui ont déjà fait des tentatives de suicide ou qui présentent des idées suicidaires ne sont pas inclus dans ces échantillons : les adolescents les plus sévèrement déprimés, ceux chez qui la prescription est absolument justifiée, sont donc exclus des études. Résultat : dans certaines études, chez des adolescents peu sévèrement déprimés, l'effet placebo est majeur et les IRS ne sont pas nettement plus actifs. Ceci est d'autant plus vrai que dans la majorité des études effectuées à ce jour, pour cette population, la période de *wash out* (au cours de laquelle tous les patients sont sous placebo) est trop brève, n'éliminant pas les répondeurs au placebo. En effet, plus cette période de *wash out* est longue, mieux on sélectionne les patients relevant véritablement d'un traitement pharmacologique.

Quant à la dangerosité avant dix-huit ans, il faut, là encore, distinguer deux situations. Pour les déprimés graves, le traitement ne se réduit jamais à une prescription isolée, hâtive. Une information doit être largement donnée quant aux possibilités d'effets secondaires et de réactions de désinhibition (le sujet n'étant alors plus capable de réprimer un passage à l'acte qu'il avait en tête mais qu'un blocage l'empêchait de réaliser). Si un adolescent est décrit ou se décrit comme impulsif, hyperréactif, soupe-au-lait, une hospitalisation est parfois nécessaire avec la prescription d'un traitement sédatif, mais parfois il faut éviter celle d'un antidépresseur.

Dans tous les cas, chez l'adolescent encore plus que chez l'adulte, un travail relationnel est fondamental. Une prescription isolée n'a ni sens ni efficacité. Une approche au moins de soutien, au mieux de psychothérapie structurée, est toujours nécessaire. Prescrire est parfois un acte nécessaire, il est toujours insuffisant.

Un adolescent laissé à lui-même avec pour seul viatique une ordonnance et un rendez-vous quatre semaines plus tard est en danger. Il le serait sans prescription, mais dans ce cas il n'y aurait pas la sécurité incertaine d'un traitement imaginairement destiné à tout résoudre. Quant au second groupe d'adolescents, ceux recevant des IRS alors qu'ils n'en ont pas besoin, il n'est pas étonnant qu'ils développent des effets secondaires plus ou moins sévères en fonction de leur personnalité de base ou des troubles associés qu'ils présentent souvent (début d'alcoolisme, ou toxicomanie). Le bénéfice est mineur, les risques majeurs.

Prescription sous surveillance et sous conditions

L'ensemble de ces données vient de conduire les autorités américaines à imposer aux firmes le système dit de la *black box*. Comme sur nos paquets de cigarettes, une mention extrêmement visible souligne les risques de la prescription. Cette décision a pour conséquence d'interdire aux laboratoires toute publicité grand public directe, à la télévision par exemple. Les objectifs sont clairs : alerter les familles, réduire la surconsommation, optimiser le bon usage. Simultanément un grand chantier est ouvert pour que des données épidémiologiques fiables fassent remonter des données plus exhaustives quant aux conséquences du mésusage.

Actuellement en Europe, les antidépresseurs IRS n'ont pas d'indication légale dans le traitement des moins de 18 ans. La plupart des adolescents déprimés sont accessibles à des traitements fondés sur les psychothérapies. Pour une minorité d'entre eux le rapport bénéfice/risque d'une utilisation d'antidépresseurs peut être considérée par des médecins spécialisés comme favorable. Dans ces cas assez rares où la prescription d'un antidépresseur s'avère indispensable une surveillance étroite visant à détecter la survenue d'un comportement suicidaire est obligatoirement associée.

Il n'est pas impossible qu'à l'avenir, ces prescriptions soient limitées aux spécialistes. Rappelons que c'est essentiellement le lien tissé avec le sujet en difficulté qui permet de franchir les zones à risque. Lorsque l'adolescent a compris qu'il n'est plus seul, qu'un thérapeute disposant de temps entend de sa situation autre chose que sa famille ou que son entourage, une partie du chemin est franchie, qu'il y ait ou non prescription associée de médicaments.

La faute d'Aurore

L'histoire d'Aurore illustre cette problématique. Courant mai, au cours de l'examen qui, en principe, devait lui permettre de valider sa première année d'études d'infirmière, un enseignant, qui surveillait l'épreuve, l'avait prise en flagrant délit de tricherie. Pour répondre à une question, elle avait discrètement consulté un fascicule où étaient répertoriées d'innombrables variables biologiques à connaître en principe par cœur. À la suite d'un conseil de discipline, plutôt expéditif, une suspension pour six mois avait été décidée par la direction de l'école. N'ayant pas obtenu son examen de première année, Aurore n'avait pu partir pour la mission humanitaire qui, début août, devait l'emmener pour trois mois en Haïti. Ses parents, divorcés alors qu'elle avait six ans, avaient été informés de la faute. Ses grands-parents avaient fini par l'apprendre eux aussi. Ses amis de l'école l'avaient soutenue, mais leurs courriers au directeur, leurs pétitions, étaient restés lettres mortes.

Depuis des années tout le monde savait que les étudiants s'aidaient de documents en cours d'épreuve : on pouvait être une bonne infirmière sans connaître par cœur des centaines de variables biologiques. Jusqu'à début juin, Aurore avait espéré. Rien n'y avait fait. Il fallait un exemple, pour l'image de sérieux de l'école...

La réaction psychologique de la jeune fille avait été spectaculaire : l'élève infirmière, punie pour sa tricherie, s'était littéralement effondrée. Quelques jours plus tard, alerté par sa détresse, un médecin avait prescrit un comprimé par jour de venlafaxine. Une semaine plus tard, en l'absence d'amélioration, il avait, par téléphone, conseillé de passer à deux comprimés par jour, puis il était parti en vacances en ayant expliqué la situation au médecin qui le remplaçait pour l'été.

Quatre jours après le début de son traitement, découragée par son état, imaginant que le médicament était peut-être responsable de cet effondrement, Aurore avait décidé d'arrêter l'antidépresseur. Très vite, quarante-huit heures après la dernière prise, son état, loin de s'améliorer, s'était transformé et même aggravé. Elle avait dû immédiatement reprendre le médicament. Toutefois, elle était restée à un comprimé le soir au dîner au lieu des deux prescrits. Elle se sentait engourdie, ni gaie ni désespérée, un peu dans l'ouate, à côté des choses.

Depuis ce renvoi transitoire, mais cependant durable, chacun autour d'elle conseillait, suggérait, ordonnait des marches à suivre pour rebondir, occuper au mieux ces six mois de vide. Rien n'y faisait, sa vie s'était arrêtée et elle n'y pouvait rien. Une amie très proche d'elle et que j'avais précédemment aidée avait pris un rendez-vous pour Aurore et l'avait même accompagnée. Elle pensait, à juste titre, que sa camarade ne devait pas passer ainsi l'été et qu'il fallait faire autre chose. Quoi ? Elle ne savait pas, me faisait confiance pour trouver une solution.

Horriblement mal et tranquille

Ayant pris connaissance des événements récents qui venaient de bouleverser cette vie, j'expliquai très vite à Aurore que, pour l'aider, il allait falloir faire un effort pour que nous reprenions plus en détail les éléments de cette histoire douloureuse, qu'il me fallait mieux la connaître « elle ». Nous étions le 7 juillet et je devais partir début août. Lorsque je proposai à la jeune fille de la recevoir tous les deux jours pendant trois semaines, son regard s'étonna, mais elle accepta le principe : au point où elle en était, pourquoi pas ?

Après avoir précisé à nouveau les circonstances de l'événement inaugural, elle fit un effort pour relater sa réaction à l'annonce du verdict. En apprenant par un appel téléphonique la décision de son école de la suspendre pour six mois, la future infirmière avait changé le message de son portable, était retournée dans sa chambre et s'était mise au lit. Elle avait passé deux à trois jours entre veille et sommeil, entre rêves et souvenirs. Des images plus ou moins déformées de ses quinze dernières années s'étaient entremêlées. Des heures et des heures de méditations dérivantes chaotiques alors qu'elle était enfouie sous des draps qu'elle aurait voulus plus lourds. Les yeux mi-clos, elle apercevait par instants le mur. Dans une semi-torpeur l'idée flottait de s'y cogner le visage mais elle ne bougeait pas du lit. Une idée de mort infiltrait ses rêveries comme un thème proche et lointain mêlé à la douceur du drap, à un début de faim. Elle se sentait horriblement mal et tranquille.

Le nouveau message racontait sur son téléphone qu'elle était partie quelques jours seule, à Londres, pour se changer les idées. En réalité, elle sous-nageait, entre deux draps, entre deux mondes. Le scénario était simple. Elle avait voulu, par ses études, sortir de l'enfance et d'une adolescence difficile. Une décision injuste à ses yeux venait implacablement de la retenir, le destin l'avait immobilisée. Elle n'était plus très sûre d'avoir ni l'envie ni la force de poursuivre.

Sa vie s'était arrêtée sur l'image, ou plutôt sur le son de cette voix fielleuse lui confirmant une sanction prévisible mais jusqu'alors encore incertaine. Elle s'était au cours de ses stages beaucoup dépensée, sans compter ni ses heures ni sa peine. Elle avait, plus qu'une autre, aidé les infirmières en titre, donné la main aux aides-soignantes. Souvent, devant son sérieux, on lui avait confié des tâches qu'une diplômée aurait dû accomplir. Elle aimait apprendre, rendre service, se dévouer. Devenir soignante était pour elle plus qu'une revanche : une nécessité, un besoin vital.

La foudre venait de s'abattre sur sa trajectoire de vie, la laissant sans force. Aurore était sonnée, sidérée. Les divagations qui l'occupaient ne constituaient pas une pensée réelle. Des bulles de souvenirs, des fragments de sensations se mêlaient un peu comme des linges sales aperçus à travers la vitre ronde d'une machine à laver. Mais de tout cela Aurore n'avait, bien sûr, rien pu dire.

Le cerveau en « stand by » : le syndrome de sevrage

Au médecin consulté, Aurore avait livré un visage triste, un regard éteint, quelques mots pauvres suffisant à évoquer un immense désarroi. La sortie de l'adolescence est une période à risque. Des passages à l'acte impulsifs transforment parfois en suicide « réussi » ce qui, avec un peu de chance, aurait pu n'être qu'une crise passagère. Le confrère avait pris peur et de bonne foi avait prescrit un antidépresseur.

Aurore était-elle alors déprimée ? Au sens strict du terme, non. Soumise à un traumatisme inattendu, un puissant processus d'inhibition s'était mis en place, l'empêchant de penser et, heureusement peut-être, d'agir. Dans cette situation de sidération, le levier thérapeutique ne pouvait être essentiellement biologique. L'avenir s'était brutalement arrêté, mais le cerveau n'était ni ralenti ni épuisé, il était en *stand by*.

Je demandai à la jeune fille quelques précisions sur ce qu'elle avait ressenti lorsqu'elle avait essayé d'arrêter l'antidépresseur. À une fatigue immense s'étaient associées des perceptions nouvelles de tensions intérieures et d'irritabilité. Pendant deux nuits, ses rêves avaient été bizarres, parfaitement inhabituels. Déjà mal, elle avait vraiment eu peur de devenir folle. Vingt-quatre heures après avoir repris le médicament, ces nouveaux symptômes avaient disparu ; elle avait évité le pire !

J'expliquai au passage à la future infirmière que cette aggravation soudaine de son état n'était pas due à elle-même, mais liée à des réactions de sevrage survenant fréquemment lorsque l'on arrête trop brutalement certains médicaments et en particulier celui qui lui avait été prescrit. La liste des symptômes susceptibles de survenir lors de l'arrêt de certains antidépresseurs est impressionnante : « oubli, confusion, agitation, instabilité, sensation de vertiges, nausées, sueurs, fatigue, tremblements, diarrhées, anxiété, nervosité, panique, irritabilité, pleurs, somnolence, modification des rêves », etc. Aurore, comme beaucoup de patients, et comme certains médecins, ignorait cette particularité. Elle n'avait pas été informée du risque, n'avait pas eu l'idée de téléphoner pour obtenir un conseil et une explication. Elle s'était sentie piégée : mal sous traitement, encore plus mal sans traitement. Il est probable que de nombreux patients insuffisamment informés de l'existence de ce syndrome d'arrêt de traitement maintiennent plus ou moins inutilement des traitements antidépresseurs au long cours par crainte de ressentir de nouveau les symptômes angoissants d'un sevrage.

La vie comme un tunnel

En réalité, Aurore n'était pas désespérée par un avenir sombre, elle n'avait tout simplement pas d'avenir. Il fallait imperceptiblement créer un déplacement des circonstances, trouver dans ce mur de vide qui barrait sa pensée un caillou, une herbe, une fissure, une couleur, des mots. Des mots qui la sortent de son drap. Oui, elle s'était mise dans de sales draps. Dans sa bulle, elle avait pensé beaucoup à cette petite patiente leucémique qui, en décembre, s'en était sortie, avait promis de lui écrire mais n'avait pas tenu promesse. Des mots qui l'extraient de l'omniprésence de la maladie et du soin. Non pas les mots des autres, ceux-là, elle ne pouvait les entendre. Des mots déjà en elle mais qu'elle avait refoulés. Des mots momifiés par une volonté farouche d'efficacité scolaire.

Au moment de l'adolescence, rien n'est encore figé, tout évolue vite et l'enfance est encore tout près. Des tableaux cliniques inquiétants peuvent être rapidement améliorés grâce à un nombre réduit d'entretiens. Il me fallait, pour cette jeune fille, l'aider à retrouver les chemins de l'enfance, la vie d'un corps joyeux, animé. Mes questions devaient permettre de réactiver ces zones perdues.

Lorsque je lui demandai de me parler de ses trois

comptines préférées, elle hésita, mais dit spontanément qu'elle adorait « Sur le pont d'Avignon » et aussi « Le Palais Royal qui est un beau palais et où les jeunes filles sont à marier ». « Sur le Pont, on y danse, on y danse, et les beaux messieurs font comme ça... » Non, elle ne dansait pas, enfin plus beaucoup. Depuis que sa mère avait été hospitalisée trois mois pour un alcoolisme insidieux mais sévère, et qui avait débuté bien avant le divorce, la jeune adolescente avait perdu sa légèreté. L'insouciance n'était plus de mise. La vocation d'infirmière s'était imposée. Médecine aurait été mieux, mais les études étaient trop longues. Il fallait réussir sans tarder, devenir autonome. Aurore avait aveuglément décidé de consacrer ce temps de vie à l'obtention d'un diplôme. Très vite, en acceptant de parler dans un certain désordre, Aurore prit conscience du carcan dans lequel elle avait, depuis des années, inscrit son existence, de sa vie « tunnel ». La veille de mon départ en vacances, Aurore accepta l'idée de poursuivre en septembre quelques séances de psychothérapie. Les adolescents, lorsqu'ils acceptent d'aller parler, n'ont souvent besoin que de thérapies assez courtes.

L'histoire était au fond assez simple. À la suite du divorce de ses parents, lorsque sa mère était tombée malade, Aurore s'était coupée de son corps pulsionnel, elle avait éteint un processus de désir, canalisant ses forces dans le travail et le dévouement. Elle aurait pu aussi devenir anorexique. Lorsqu'on est ainsi, parfaite, humaine, dévouée, on ne peut tricher dans un examen : l'humanitaire en Haïti est inconciliable avec le mensonge. L'événement de la « faute » avait provoqué le réveil d'une forte culpabilité inconsciente. La réaction brutale s'était traduite par un empêchement initial de penser. Cet empêchement n'était pas lié à l'efflorescence d'une psychose, Aurore n'était pas en train d'entrer dans la schizophrénie. Il n'était pas davantage le résultat d'un processus dépressif progressif, Aurore n'était pas déprimée au sens médical du terme. Aurore n'avait pas besoin d'antidépresseur, elle avait besoin de paroles, de temps et de liens qui se tissent.

Conclusion

> « Plus les hommes seront éclairés, plus ils seront libres. »
>
> Voltaire

La pratique de la psychiatrie, on l'a vu à travers ces différentes histoires, repose sur une part importante d'écoute. Elle conduit aussi, avec chaque patient concerné, à construire de véritables stratégies de traitement qui ne peuvent en aucun cas se résumer à de simples applications de programmes de soins préalablement établis. Décider de prescrire un médicament agissant sur le cerveau est un acte grave.

La plupart des maladies psychiques entraînent un handicap affectif et social majeur. Il est démontré que la qualité du pronostic est directement liée à la précocité des soins adaptés. On sait également que les médecins et les patients sont tentés de soulager par la chimie de simples difficultés d'adaptation. Effectuer un travail sur soi nécessite du temps. Il faut se rétablir dans la réalité, pas en rêve.

La part de l'un, la part de l'autre

En face de toute situation pathologique ou de simple souffrance, il existe une marche à suivre faisant prendre au patient un minimum de risques par rapport aux effets positifs attendus du projet thérapeutique. L'élaboration des choix de traitements utilise en permanence le concept de bénéfice-risque. Cette recherche du bénéfice-risque ne peut se faire sans une prise en compte de la singularité du patient.

Bien évidemment le savoir a ses limites. Bien évidemment les psychiatres et les patients sont au cœur d'une combinatoire de causalités complexes. Il faut, bien sûr, simplifier pour agir, mais il convient de ne pas négliger les particularités inhérentes à tout sujet humain, et à toute situation particulière de vie. Le processus de décision intègre des données hétérogènes. Les données concernant le patient, ses croyances, ses représentations, ses niveaux de connaissance, modulent, en principe, les orientations issues du fonctionnement des algorithmes décisionnels de la médecine dite « par les preuves ».

Au-delà de ces zones complexes, mais identifiables, le processus de décision franchit des étapes plus incertaines, rarement explorées et pas toujours justifiables au regard des théories classiques. C'est alors la conviction intime du médecin qui l'aide à prendre sa décision et à la faire comprendre au malade. Mais le malade, en raison de sa propre conviction, choisira de prendre ou non le traitement ; le cas échéant, il décidera d'en prendre un autre.

Le débat qui oppose intuition et rationalité reste étonnamment actuel et la médecine avance écartelée sans cesse entre deux idéaux incompatibles apparemment : celui de l'objectivité, lié à la méthode scientifique, celui de la subjectivité, lié à la dimension humaine. Ma conviction intime de psychiatre me pousse à soutenir qu'en médecine, objectivité et subjectivité, loin de s'annuler, peuvent, dans certaines conditions, se compléter. Dans la prise en charge individuelle d'un patient, la part subjective ne doit pas contredire l'objectivité, elle doit l'humaniser, selon des processus qui n'ont rien de magique et qu'il faut simplement explorer au niveau de l'intime, de l'inconscient, du refoulé, c'est-à-dire au niveau de ce qui ne se raconte pas.

Informer, encore et toujours

C'est l'application de cette méthode exigeante, pour le médecin comme pour le patient, qui, avant toute décision de traitement, permettra dans chaque situation de discriminer au mieux ce qui relève de la simple souffrance et ce qui appartient à la maladie.

On peut être malheureux sans être malade, désespéré sans être déprimé, simplement timide ou anxieux. Il est possible que des pratiques évaluatives soient détournées de leur objectif médical initial pour alimenter le pragmatisme économique. Il est probable que, devant l'explosion des connaissances et des techniques médicales, et l'impossibilité de tout connaître qui en résulte, elles visent à spécialiser à l'excès des pratiques, à favoriser des monopoles de soins. Cependant, mieux les médecins seront formés à la critique des données, plus les patients seront curieux, informés, responsables, plus leur dialogue sera fécond. Il sera alors difficile à des modèles froids, mécaniques et totalitaires, de faire taire des sujets formés à l'analyse des problèmes.

C'est parce que les méthodes expérimentales sont utilisées qu'il a été possible de connaître les risques liés au mauvais usage des psychotropes. Ces mêmes méthodes avaient d'abord permis de définir les limites de leur efficacité. Des conférences de consensus, des recommandations pour la pratique clinique sont déjà disponibles pour de nombreux domaines de la psychiatrie et pour la prescription des psychotropes. Elles sont imparfaites, et alors ? Leur prise en compte n'est pas un carcan et n'exclut des pratiques ni l'intuition liée à la somme des expériences acquises ni la personnalisation des stratégies de prise en charge. Les protocoles d'études sont fondés sur des modèles mathématiques probabilistes. Cela est exact. Les données issues de ces travaux ne sont en effet que des probabilités... Est-ce une raison pour les ignorer ? Il serait dommage qu'à la suite d'un désaveu brutal des approches classiques, les malades se tournent systématiquement vers des « thérapies » encore plus incertaines.

Pour un prescripteur, connaître les détails, la logique, les méthodes qui sous-tendent l'usage d'un médicament est aujourd'hui indispensable. Lorsque médecin et patient sont informés scientifiquement, chacun reste libre de faire du hors-piste : les limites sont connues, la prise de risque se choisit en connaissance de cause.

Il est urgent que tous les médecins, dès lors qu'ils s'autorisent à prescrire des psychotropes, s'intéressent vraiment aux études cliniques, à la méthodologie des essais thérapeutiques. Dans le traitement d'un trouble, l'utilisation de médicaments destinés à modifier la vie psychique par une action chimique peut être indispensable, nécessaire, simplement utile, parfois superflue ou nuisible.

Être formé à l'analyse critique des études est le seul moyen, pour les prescripteurs, de n'être pas submergés par des pseudo-savoirs, instrumentalisés par de fausses sciences. Il est absurde de croire qu'un médecin, parce qu'il serait parfaitement formé à la méthodologie, deviendrait plus prescripteur qu'un autre, imposerait davantage ses savoirs, respecterait moins les mécanismes de défense des patients.

La rationalité d'une décision n'a pas vocation à dénaturer ipso facto la qualité de la relation. Réfléchir aux outils décisionnels n'oblige en aucun cas à oublier les hommes. Ce qui au contraire contribue à les maltraiter est la non-actualisation des connaissances dans un domaine où tout évolue vite.

Les programmes de santé publique élaborent des stratégies destinées à protéger ou à soigner des populations importantes de groupes dits à risque. La prise en compte de ces programmes n'empêche en rien de les adapter, de les personnaliser. Il y a un temps pour le rationnel et un temps pour le relationnel. Un temps pour lire les symptômes, un temps pour lire et entendre entre les symptômes.

« La lucidité est la blessure la plus rapprochée du soleil » (René Char)

Il existe, en psychiatrie, une véritable insécurité linguistique. La banalisation de l'usage de mots comme « anxiété », « phobie », « dépression », « cyclicité », etc., est telle que leur pouvoir informatif est devenu dérisoire, nul. Parce que la société s'est emparée de la psychiatrie, elle a dénaturé le sens des mots : « idiot », « débile », « hystérique »... sont devenus des insultes couramment utilisées. Le vocabulaire de la psychiatrie alimente le discours de la plainte : « Je suis déprimé, je suis stressé »...

Confrontés à ces plaintes qui sont autant d'accusations déguisées, les médecins ont du mal à tenir leur position. Il est plus facile de répondre à la demande implicite d'un soulagement immédiat par une prescription même approximative que de proposer une analyse précise et souvent un peu longue, voire fastidieuse, des mécanismes à l'origine de la frustration.

Il y a des demandes, il y a le désir. À un besoin de recettes superficielles et de réponses rapides, obturantes, résonne en écho une exigence parallèle, retenue, de questionnement, d'approfondissement et d'ouverture. À la dictature du présent, à l'apologie individualiste, s'oppose une citoyenneté active, curieuse, critique. Chacun fait comme il peut.

Si la médecine – comme la politique – est l'art du possible, deux questions brûlantes restent posées : celle des formations à venir pour les médecins, celle des informations pour les patients.

Une loi a été votée. Mais à ce jour et après des années d'attente, les modalités de mise en œuvre et de validation d'une formation médicale continue obligatoire restent à définir. Il est nécessaire qu'elles le soient vite, très vite. Il y a urgence. En France, les besoins d'amélioration des prises en charge l'exigent, les requis de l'Europe l'imposent.

L'information des patients, indispensable au progrès, doit se garder des modes, prendre des distances avec des opérateurs aux visées incertaines et bénéficier d'une éthique absolue. Tout journaliste, spécialisé ou non, parlant de médecine ou de médicaments doit être conscient du rôle essentiel qu'il joue.

Plutôt que d'opposer de façon stérile les théories, de dénigrer pêle-mêle expérimentateurs, chercheurs, prescripteurs, traitements psychotropes, soyons lucides, clairvoyants, optimistes mais vigilants.

Parions que la formation médicale continue obligatoire et indépendante que nous espérons verra enfin le jour et sera vivante, ouverte, multidisciplinaire. Qu'elle permettra des échanges entre pairs. Parions que des heures et des heures de formation seront consacrées à la psychopathologie du quotidien et à la psychiatrie.

Parions qu'afin de réduire des prescriptions inutiles, le recours aux psychothérapeutes-médecins et non-médecins sera favorisé pour toutes les régions de France.

Parions que les familles, l'entourage, parce qu'ils seront de mieux en mieux informés, renforceront leur soutien aux patients et ne porteront plus de jugements de valeur, ni sur de vraies maladies ni sur de vrais traitements. Parions que les patients sauront demander à leurs médecins les objectifs des prescriptions, leur durée, les risques liés aux traitements qu'ils choisiront de prendre. Et si le médecin ne sait pas, ou ne veut pas répondre, qu'ils changent de médecin plutôt que de médecine.

Remerciements

Je remercie tout particulièrement Isabelle Michon pour avoir eu le courage de déchiffrer mon écriture et pour son attentive présence rue des Marronniers ; Véronique Bedin pour ses interventions précieuses et Mathilde-Mahaut Nobécourt pour sa confiance.

Table

DU MÊME AUTEUR

Guide des tranquillisants (avec Christian Gay), Denoël, 1991 (*Guide des médicaments psy*), LGF, 2001.

J'ai rendez-vous avec vous (avec Monique Brémond), Seuil, 1993.

Angoisses. Se soigner sans se droguer (avec P. Boyer et J.-C. Bisserbe), First, 1994.

Madame, c'est à vous que j'écris (roman), Albin Michel, 1995.

Vrais déprimés, fausses dépressions (avec Monique Brémond), Aubier, 1998.

Je vais craquer (avec Henri Cuche), Flammarion, 2002.

Le Vidal de la santé psy, le guide pour comprendre les traitements (sous la direction d'Alain Gérard et François Baumann), Vidal/Larousse diffusion, 2004.

CHEZ LE MÊME ÉDITEUR

Claude Allard
L'Enfant au siècle des images

Gérard Bonnet
Défi à la pudeur. Quand la pornographie devient l'initiation sexuelle des jeunes

Patrick Delaroche
La Peur de guérir

Fernando Geberovich
No satisfaction. Psychanalyse du toxicomane

Jean-Marie Jadin
Côté divan, côté fauteuil. Le psychanalyste à l'œuvre

Pr Daniel Marcelli
La Surprise, chatouille de l'âme

Ouvrage collectif dir. par Patrice Huerre et François Marty
Cannabis et adolescence. Les liaisons dangereuses

Serge Tisseron
Comment Hitchcock m'a guéri. Que cherchons-nous dans les images ?

Composition Nord Compo
Impression : Imprimerie Floch, décembre 2004
Éditions Albin Michel
22, rue Huyghens, 75014 Paris
www.albin-michel.fr

ISBN : 2-226-15718-2
N° d'édition : 23098 – N° d'impression : 61821
Dépôt légal : février 2005
Imprimé en France